BIBLIOTHÈQUE-LEDUC

A mon ami Georges MARTY
Professeur d'Harmonie au Conservatoire
Chef d'orchestre à la Société des Concerts

TRAITÉ D'HARMONIE

THÉORIQUE ET PRATIQUE

PAR

E. RATEZ

Directeur du Conservatoire de Lille.

PRIX NET : 10 FR

1908
ALPHONSE LEDUC

ÉMILE LEDUC, P. BERTRAND et Cie
ÉDITEURS DE MUSIQUE
3, Rue de Grammont — PARIS

BIBLIOTHÈQUE-LEDUC

A mon ami Georges MARTY
Professeur d'Harmonie au Conservatoire
Chef d'orchestre à la Société des Concerts

TRAITÉ D'HARMONIE

THÉORIQUE ET PRATIQUE

PAR

E. RATEZ

Directeur du Conservatoire de Lille.

PRIX NET : 10 FR

1908

ALPHONSE LEDUC

ÉMILE LEDUC, P. BERTRAND et Cie
ÉDITEURS DE MUSIQUE
3, Rue de Grammont — PARIS

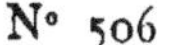

N° 506

INTRODUCTION

La musique, le son, qui est son élément constitutif, n'existent pas dans la nature. Celle-ci ne donne que des bruits; et ce qu'on appelle le chant des oiseaux, par exemple, n'est qu'une succession de bruits rythmés. Le son n'est autre chose que le bruit coordonné, c'est une conquête de l'homme sur la nature. Plusieurs sons entendus successivement constituent la *mélodie;* plusieurs sons entendus simultanément constituent l'*harmonie.* Pendant de nombreux siècles, la mélodie suffit aux besoins musicaux des hommes; toute l'antiquité et une partie du moyen âge se contentèrent de la monodie vocale ou instrumentale, et il faut arriver jusqu'au IXe siècle pour voir se manifester les premières tentatives de l'art polyphonique. Ces premières tentatives se bornaient simplement à la doublure d'un chant à la quarte ou à la quinte supérieures, quelquefois à la quinte et à l'octave, ou à la quarte et à l'octave simultanément. Elles constituent l'époque de la *diaphonie* ou *organum.*

Plus tard, on s'ingénia à faire usage d'autres intervalles et surtout à faire entendre à la fois des mélodies différentes. Ce fut l'époque du *déchant.* Celui-ci se perfectionna peu à peu, et au XVe siècle apparut le *contrepoint,* dans lequel deux ou plusieurs mélodies sont également combinées, non plus arbitrairement comme dans le déchant, mais selon des règles précises résultant de la pratique et de l'éducation de l'oreille.

De même que le contrepoint sortit du déchant, l'harmonie résulta du contrepoint. On eut, à un moment donné, l'idée d'analyser les agrégations de sons produites par les mélodies simultanées, non plus dans le sens horizontal de ces mélodies, mais dans le sens vertical. On appela *accords* ces différents groupes de sons superposés et l'on codifia les lois de leur enchaînement, c'est-à-dire qu'on catalogua les façons de les faire se succéder les uns aux autres de manière à satisfaire l'oreille. Mais comme les satisfactions de celle-ci relèvent uniquement de son éducation, il est facile de comprendre que l'harmonie d'une époque ne peut être l'harmonie d'une autre époque et qu'avec l'habitude on arrive à éprouver d'ineffables jouissances à des accords qui, entendus antérieurement, n'auraient provoqué qu'une sensation désagréable ou même douloureuse.

Mais il ne faudrait pas croire que cette éducation de l'oreille ne repose sur rien de rationnel. Les règles qui régissent la succession des accords, leurs modifications, l'accroissement du domaine harmonique, ne sont pas arbitraires, mais découlent, au contraire, naturellement et logiquement des principes d'ordre établis dès l'origine.

Il est donc nécessaire, pour comprendre le développement de la science harmonique, de connaître les bases sur lesquelles elle s'est appuyée et sur lesquelles elle s'appuiera toujours. Découvertes instinctivement par les premiers maîtres, elles ont reçu, outre la consécration du temps, celle non moins précieuse des sciences physique et mathématique. Toutefois, ce traité n'étant pas un traité d'acoustique, c'est surtout au point de vue de l'écriture pratique que nous les étudierons.

E. R.

Paris, ALPHONSE LEDUC. (Emile Leduc, P. Bertrand & Cie) A.L. 13,881.

E. RATEZ.–TRAITÉ D'HARMONIE THÉORIQUE ET PRATIQUE

PREMIÈRE SECTION

HARMONIE CONSONANTE

CHAPITRE I

ACCORDS CONSONANTS

LES ACCORDS

Dans un ouvrage publié il y a quelques années sur le Contrepoint,(*) j'ai défini celui-ci l'étude de la polyphonie vocale, c'est-à-dire des conditions nécessaires à la marche simultanée de plusieurs mélodies.

L'harmonie a pour but principal l'analyse des agrégations de sons entendus simultanément, sans préoccupation, tout d'abord, du mouvement mélodique.

Ces agrégations de sons prennent le nom d'*accords*.

Nous verrons toutefois, à la fin de cette étude, les deux choses se confondre et l'harmonie dite *figurée* ou *fleurie* devenir une sorte de contrepoint avec des libertés plus grandes et un choix d'intervalles plus considérable.

Les accords peuvent être composés de deux, trois, quatre sons et même davantage. Toutefois les agrégations de deux sons, par suite de leur imprécision, ne sont pas considérées comme de véritables accords. Il faut au moins trois sons pour former un accord ayant un sens tonal complet.

En raison de leur constitution, les accords se divisent en *accords consonants* — qui ne contiennent que des consonances: tierces, quartes, quintes, sixtes, octaves ou unissons — et en *accords dissonants* — qui contiennent des dissonances de seconde, septième, neuvième, quatorzième, etc.

ACCORDS CONSONANTS FONDAMENTAUX

ACCORD PARFAIT

Cet accord qui, comme on le verra plus tard, a donné naissance à tous les autres *sans exception*, se compose d'une note de basse (qui, dans ces accords, représente la *fondamentale*) de sa tierce et de sa quinte juste.

Il est majeur quand la tierce est majeure, mineur lorsque la tierce est mineure.

(*) E. RATEZ.— *Traité élémentaire de Contrepoint et de Fugue.*

On écrit généralement l'harmonie à quatre parties; il est donc nécessaire de doubler une des notes de l'accord parfait.

ACCORD PARFAIT A QUATRE PARTIES

Basse doublée | Tierce doublée | Quinte doublée

La meilleure doublure, la plus sonore, est celle de la basse.

L'accord est dit à la *première position* lorsque la partie supérieure fait entendre l'octave de la basse, à la *seconde position* quand cette même partie supérieure fait entendre la tierce et à la *troisième position* lorsqu'elle fait entendre la quinte, quelque soit, du reste, la disposition des autres intervalles.

1re Position | 2e Position | 3e Position

Il faut remarquer que, pour obtenir une bonne sonorité, les parties doivent être d'autant moins rapprochées les unes des autres qu'elles sont plus graves. Dans l'aigu on peut serrer les intervalles.

Sourd | Sonore | Clair

Lorsqu'on écrit pour le piano ou l'orgue, il faut, autant que possible, réunir les trois parties supérieures dans la main droite.

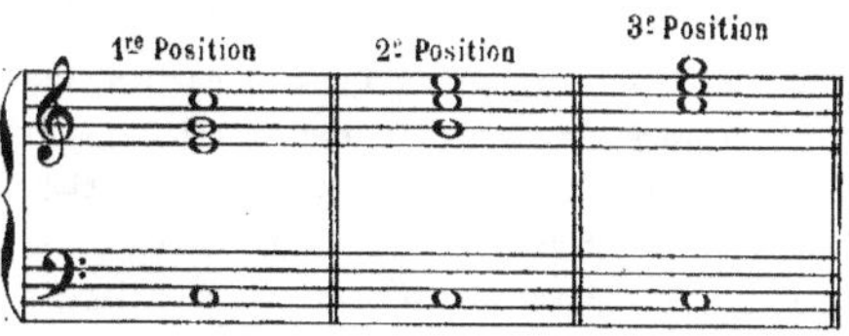

ENCHAÎNEMENT DES ACCORDS PARFAITS

MOUVEMENT DES PARTIES

L'enchaînement, ou la succession de deux ou plusieurs accords parfaits donnent lieu à des *mouvements* des parties qui les constituent.

Ces mouvements sont de trois espèces:

1º Il y a *mouvement semblable* quand deux ou plusieurs parties se meuvent dans le même sens.

2º Il y a *mouvement contraire* lorsque deux ou plusieurs parties se meuvent en sens contraire.

EX.

3º Il y a *mouvement oblique* quand une ou plusieurs parties restent en place, tandis que d'autres montent ou descendent.

EX.

Dans l'exemple suivant, nous voyons un mouvement oblique entre la première et la deuxième partie, ainsi qu'entre cette deuxième partie et la basse, alors que la première partie et la basse marchent par mouvement contraire.

Dans l'exemple suivant, à quatre parties, nous trouvons les trois mouvements réunis: la première et la deuxième parties se meuvent entre elles par mouvement contraire et par mouvement oblique relativement à la troisième partie. La basse se meut par mouvement oblique relativement à la troisième, par mouvement semblable relativement à la deuxième partie et par mouvement contraire relativement à la première partie.

QUINTES ET OCTAVES CONSÉCUTIVES – QUINTES ET OCTAVES CACHÉES

Lorsqu'on enchaîne deux accords parfaits, il ne faut pas que la partie qui a fait entendre la quinte du premier accord fasse également entendre la quinte du second. Cette succession est prohibée en raison de sa dureté.

De même, il ne peut y avoir succession d'octaves entre les mêmes parties. Ces octaves consécutives sont défendues en raison de leur faiblesse.

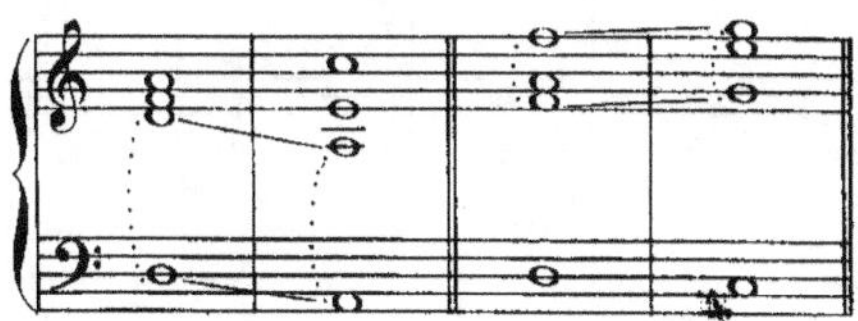

Le fait, pour une partie, d'arriver par mouvement semblable sur la quinte ou sur l'octave d'une autre partie, constitue des *quintes* ou des *octaves cachées*.

Ces quintes et ces octaves cachées sont défendues, mais seulement entre les parties extrêmes:

Les quintes cachées sont permises cependant entre les parties extrêmes lorsqu'elles ont lieu sur la dominante.

Les octaves cachées sont permises entre les parties extrêmes lorsqu'elles ont lieu sur la tonique ou lorsqu'elles sont amenées par un mouvement de demi-ton.

$\frac{1}{2}$ ton $\frac{1}{2}$ ton

Tonique Tonique

On voit, dans le dernier exemple que les octaves cachées qui existent entre la basse et la première partie sont doublement *légitimées* par le mouvement de demi-ton et par la résolution sur la tonique.

Ce mouvement de demi-ton *légitimera*, nous le verrons plus loin, bien d'autres résolutions d'accords, en raison des relations des éléments constitutifs de la gamme et du caractère de repos ou de mouvement qu'ils possèdent dans la tonalité moderne. Deux notes séparées seulement par un demi-ton s'attirent, alors qu'aucune tendance attractive n'existe entre celles séparées par un ton. La note sensible a une tendance manifeste à rejoindre la tonique et si on la combine avec le quatrième degré, il y a une double attraction très énergique de cette sensible à la tonique et du quatrième degré au troisième.

De là cette règle qui prescrit de faire monter la sensible à la tonique lorsque celle-ci se trouve dans l'accord qui suit celui dont cette sensible faisait partie et par conséquent de ne jamais la doubler.

EX.

Quand nous aurons dit que les parties, dans leur marche, doivent faire le moins de mouvement possible et éviter les sauts inutiles de quarte, de quinte ou de sixte, ainsi que les intervalles augmentés ou diminués, difficiles d'intonation, nous aurons terminé l'énumération des conditions dans lesquelles doit se faire l'enchaînement d'une bonne harmonie et que nous allons résumer:

1º Eviter les quintes et les octaves consécutives entre les mêmes parties;

2º Eviter les quintes et les octaves cachées entre les parties extrêmes;

3º Faire monter la sensible à la tonique et ne jamais doubler cette sensible.

4º Faire faire le moins de mouvement possible aux différentes parties; profiter des notes communes aux accords qui se suivent; finir à la position à laquelle on a commencé; employer les accords complets.

Ces règles s'appliquent non seulement aux successions d'accords parfaits, mais à celles de tous ceux que nous étudierons par la suite.

EXEMPLE D'ENCHAÎNEMENT D'ACCORDS PARFAITS

Majeur

Mineur

Il faut remarquer, à propos de ce dernier exemple, que, dans le mode mineur, l'accord parfait de la dominante est généralement majeur, en raison de la convention qui attribue une sensible à ce mode. Mais l'accord peut aussi être mineur. Les deux successions suivantes sont également bonnes:

L'accord parfait se chiffre ordinairement par 5. Autrefois, il se chiffrait souvent par 3 et souvent aussi, l'absence de tout chiffrage indiquait l'accord parfait. On peut le chiffrer aussi par $\begin{smallmatrix}5\\3\end{smallmatrix}$ qui représentent tous les intervalles de l'accord, par $\begin{smallmatrix}8\\5\\3\end{smallmatrix}$ si la basse doit être doublée, ou par tout autre indice de la disposition des notes supérieures. Mais il est plus simple de s'en tenir au chiffre 5. Le chiffre 3, seul, est insuffisant, car il désigne la tierce, et la tierce entre dans trop d'accords pour qu'il n'y ait pas confusion.

EXERCICES SUR L'EMPLOI DE L'ACCORD PARFAIT

Majeur

Mineur

A.L.13,881.

CADENCES

On nomme ainsi des mouvements de la basse ayant un caractère de conclusion, de transition ou de repos momentané.

Celles ayant le caractère de conclusion sont: 1º la *cadence parfaite* – lorsque la basse va de la dominante à la tonique.

Majeur Mineur

2º la *cadence plagale*, ou d'église,– lorsque la basse va de la sous-dominante à la tonique.

Majeur Mineur

Les cadences ayant un caractère de transition sont très nombreuses. Nous nous en occuperons plus loin à propos de la *modulation.* La seule dont nous parlerons ici, parce qu'elle ne comporte pas de changement de ton et repose comme les précédentes sur l'accord parfait, est la *cadence rompue*, caractérisée par la marche de la dominante au 6e degré.

Majeur Mineur

La *demi-cadence*, ayant un caractère de repos momentané sur la dominante, est produite par le mouvement d'un degré quelconque à cette dominante.

Majeur Mineur

EXEMPLE DE CADENCES AVEC MODULATION

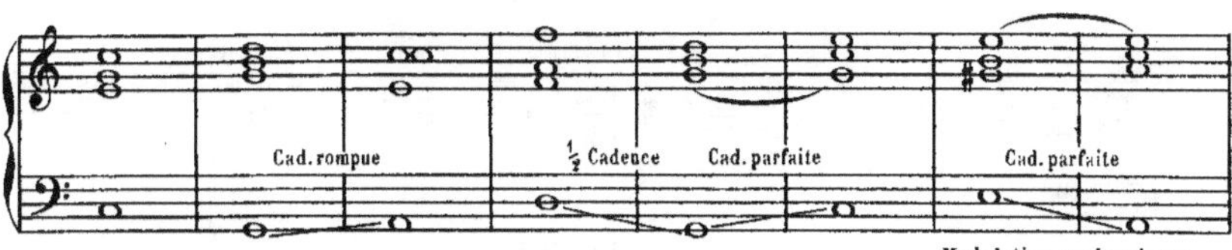

Modulation en la mineur.

Cad. plagale
Cad. rompue
½ Cadence
Cad. parf.
Cad. plagale

Retour au ton primitif.

FAUSSE RELATION D'OCTAVE

On remarquera qu'à la sixième mesure de cet exemple, c'est la troisième partie qui, de sol naturel, passe à sol dièse pour établir, dans la mesure suivante, la tonalité de la mineur. Toute autre disposition, outre la difficulté d'intonation du sol dièse pour une partie qui aurait fait une autre note que le sol naturel auparavant, serait d'un effet désagréable.

EX.

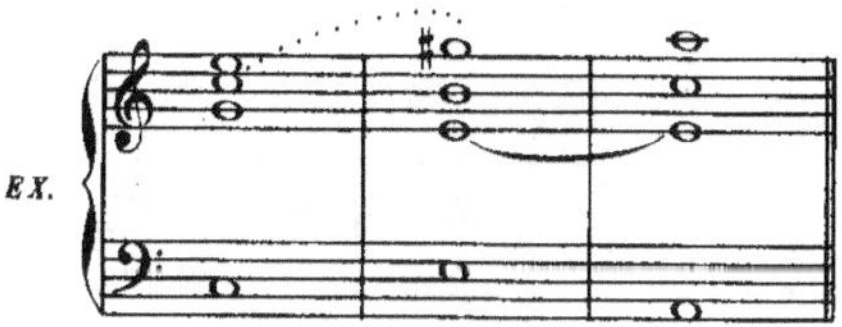

Cette succession anormale prend le nom de *fausse relation d'octave* et doit être évitée selon la règle suivante qui comporte quelques exceptions que nous examinerons plus loin.

Tout mouvement chromatique provenant d'une modulation doit être exécuté par la même partie.

EXEMPLE

EXERCICE SUR LES MODULATIONS

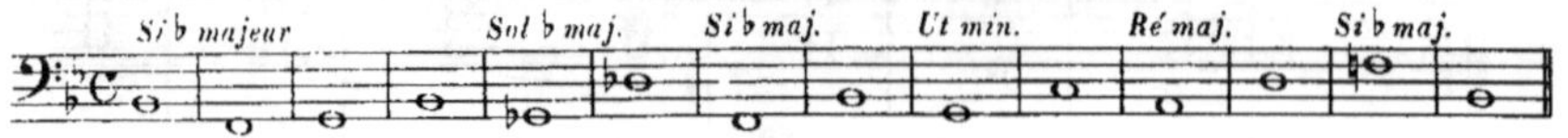

UNISSON

On a pu remarquer dans les exemples précédents quelques unissons.

L'unisson est toujours permis lorsqu'il est amené par mouvement contraire ou par mouvement oblique.

Il est défendu quand il est amené par mouvement *semblable*.

EX.

ACCORD DE QUINTE DIMINUÉE

Toutes les notes de la gamme sont susceptibles de porter l'accord parfait, sauf la note sensible des modes majeur et mineur, et le deuxième degré du mode mineur.

L'accord de trois sons, analogue à l'accord parfait, qui peut se placer sur ces notes, s'appelle accord de *quinte diminuée*.

Il se chiffre par 5̸

Lorsque l'accord de quinte diminuée du second degré du mode mineur est suivi de l'accord parfait de la dominante, le mouvement de seconde augmentée qui peut en résulter est toléré.

Mais il est préférable d'écrire cette succession ainsi:

MÉLANGE D'ACCORDS PARFAITS ET D'ACCORDS DE QUINTE DIMINUÉE

Modulation au relatif.

Retour au ton primitif.

On voit au signe ☆ deux quintes consécutives entre la basse et la première partie. Elles sont permises parce que *la seconde est diminuée.*

Le contraire ne peut se faire.

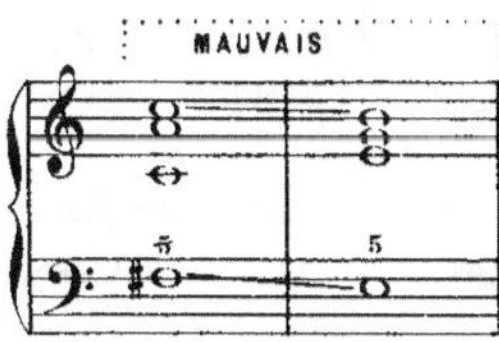

De même il n'y a aucun inconvénient à faire deux quintes diminuées consécutives.

EXERCICE SUR L'EMPLOI DES ACCORDS PARFAITS ET DE QUINTE DIMINUÉE

Modulation en Sol mineur.

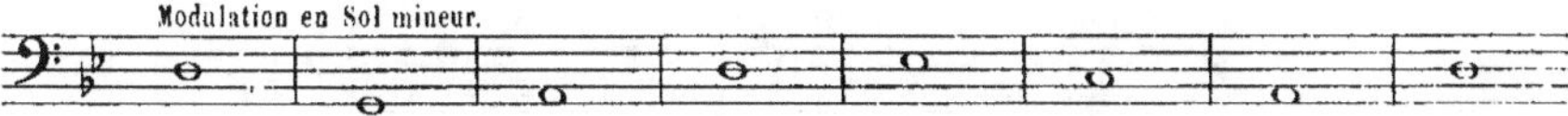

Retour au ton de Si♭.

RENVERSEMENTS DES ACCORDS CONSONANTS FONDAMENTAUX

RENVERSEMENTS DE L'ACCORD PARFAIT

Si, au lieu de la note fondamentale de l'accord parfait, on place à la basse la tierce de cet accord quelle que soit du reste la disposition des autres notes dans les parties supérieures—on obtient le 1er renversement de l'accord parfait, renversement qui se nomme *accord de sixte* et qui se chiffre par $^6_3$ ou, plus simplement par 6, le 3 étant sous-entendu.

ACCORDS DE SIXTES

La fondamentale est indiquée par les petites notes

La moins bonne doublure, dans l'écriture de ces accords, est celle de la basse, surtout par la partie supérieure. Il est préférable de doubler la tierce ou la sixte, comme dans les trois derniers exemples ci-dessus.

Si, au lieu de la fondamentale, on place à la basse la quinte de l'accord parfait, on obtient le 2e renversement de cet accord, renversement qui se nomme *accord de quarte et sixte* et qui se chiffre par $^6_4$.

ACCORDS DE QUARTES ET SIXTES

La fondamentale est indiquée par les petites notes.

RENVERSEMENTS DE L'ACCORD DE QUINTE DIMINUÉE

Par le même procédé, on obtient, avec l'accord de quinte diminuée un accord de sixte et un accord de quarte et sixte.

Acc. fondamental — 1er Renversement — 2e Renversement

On voit que les renversements d'un accord ne sont autre chose que les différents aspects de cet accord *arpégé* par la basse.

Lorsqu'ils se produisent consécutivement, comme dans les exemples suivants, il suffit de chiffrer la première note de la basse et d'indiquer, par un trait, que l'accord en lui-même ne change pas.

L'arpègement d'un accord peut se faire par une partie quelconque. Si l'arpège entraîne la privation d'une note constitutive de l'accord, on doit faire faire cette note par une autre partie, afin que l'accord soit toujours complet.

Rétablissement de l'accord complet.

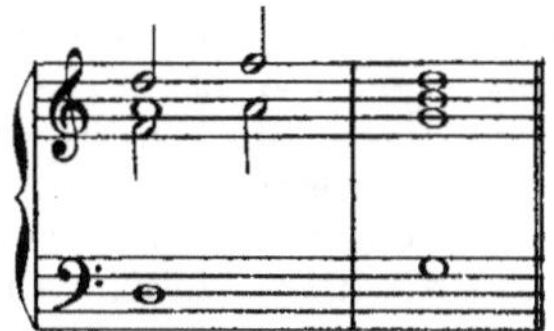

Lorsque cette opération se fait entre des notes de même nom, elle prend le nom d'*échange de notes.*

Quand la durée de l'accord incomplet est courte, le complètement, ou l'échange de notes, n'est pas nécessaire.

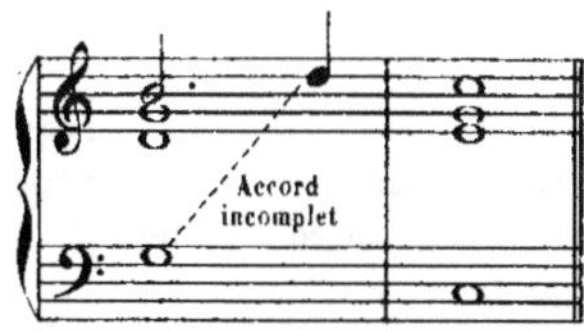

Les arpèges et échanges de notes ne sauvent pas les quintes ni les octaves consécutives.

A.L.13,881

EXEMPLE DE SUCCESSION D'ACCORDS PARFAITS DE SIXTE ET DE QUARTE ET SIXTE

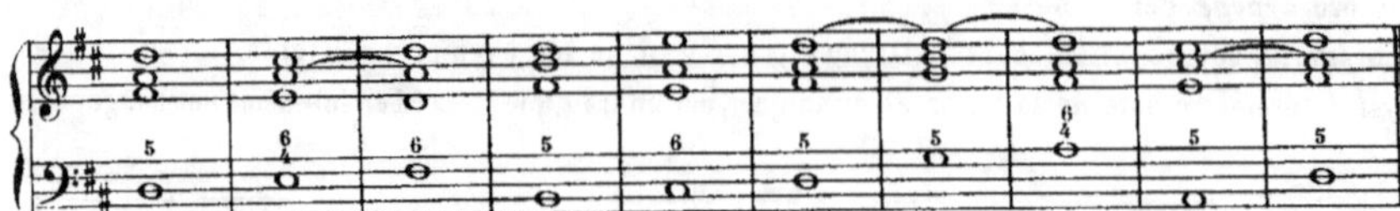

EXERCICE SUR L'EMPLOI DES ACCORDS CONSONANTS

FAUSSE RELATION DE TRITON

On a vu que l'intervalle de quinte diminuée — ou de quarte augmentée — est un intervalle attractif dont les éléments, entendus simultanément, ont une tendance énergique à se résoudre de la façon suivante:

En vertu de cette tendance, ces deux notes ne peuvent être entendues successivement et dans des parties différentes (comme dans l'enchaînement de deux tierces majeures, par exemple) sans froisser le sentiment tonal: C'est cette succession à laquelle on a donné le nom de fausse relation de triton.

Mais si les accords qui lui donnent naissance ont une note commune, leur succession devient bonne.

MAUVAIS — BON — BON

Triton — Triton

D'autres circonstances peuvent atténuer le mauvais effet de la fausse relation de triton. Ainsi, elle est possible lorsque la sensible se trouve placée à l'intérieur et fait un mouvement de sixte avec la partie supérieure.

ou encore lorsqu'elle est produite par une marche d'harmonie ou par une succession d'accords de sixte.

EXEMPLES

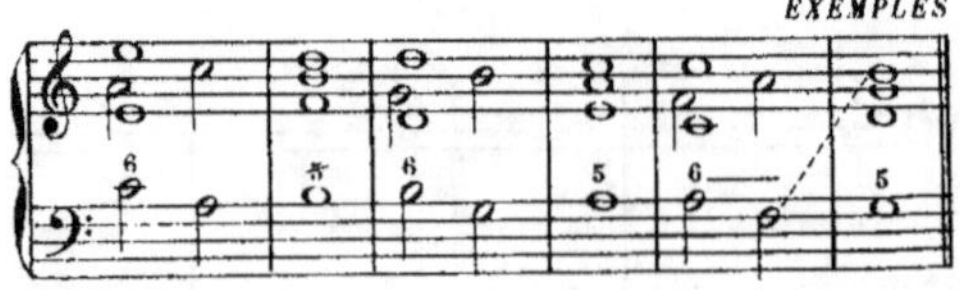

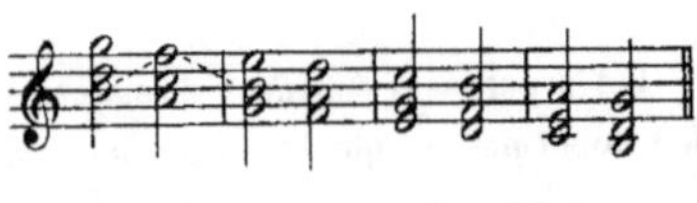

ACCORDS A EMPLOYER SUR LES DIVERS DEGRÉS DE LA GAMME

Les accords parfaits, de quinte diminuée, de sixte et de quarte et sixte ne s'emploient pas indifféremment sur tous les degrés de la gamme, car ces degrés ont tous un caractère et une fonction différents relativement à la tonalité. On appelle *règle d'octave* celle qui assigne à chaque degré de l'échelle tonale les accords qui lui conviennent selon les circonstances, c'est-à-dire selon qu'ils sont précédés ou suivis de tels ou tels autres degrés portant tels ou tels autres accords.

(On vient de voir, par exemple, au sujet de la fausse relation de triton, que lorsque la dominante porte l'accord parfait et qu'elle est suivie du quatrième degré, celui-ci doit forcément être accompagné de la sixte.)

L'accord parfait étant un accord de repos, on peut dire *à priori* qu'il convient à tous les degrés de la gamme (sauf, bien entendu au deuxième degré du mode mineur et à la note sensible des deux modes, dont la quinte est diminuée). Mais, justement en raison de ce caractère de repos, il est surtout bien placé sur les *notes tonales*, c'est-à-dire sur la tonique, le quatrième et le cinquième degré.

Les renversements des accords parfaits placés sur ces degrés sont aussi d'un excellent effet.

TONIQUE

Accord parfait — Renversements

5 — 6 — 6/4

QUATRIÈME DEGRÉ

Accord parfait — Renversements

5 — 6 — 6/4

CINQUIÈME DEGRÉ

Accord parfait — Renversements

5 — 6 — 6/4

L'accord parfait placé sur les 2e et 6e degrés, celui surtout placé sur le troisième degré, et leurs renversements ne donnent pas toujours entière satisfaction au sens tonal. Aussi ne doivent-ils être employés que sous certaines conditions. L'accord de *quarte et sixte* notamment (leur deuxième renversement) n'a qu'un caractère transitoire qui ne permet de l'employer que lorsque la basse est *enclavée* entre deux notes diatoniques.

DEUXIÈME DEGRÉ

Accord parfait — 1er renvers! — 2e renvers! — Emploi du 2e renversement

TROISIÈME DEGRÉ

Accord parfait — 1er renvers! — 2e renvers! — Emploi du 2e renversement

SIXIÈME DEGRÉ

Accord parfait — 1er renvers! — 2e renvers! — Emploi du 2e renversement

Ces considérations générales exposées, voici les harmonies qui conviennent aux différents degrés de la gamme majeure et mineure.

Afin d'en rendre l'exposé plus rapide, nous emploierons souvent dorénavant le mot *chiffrage* pour désigner l'harmonie elle-même et nous dirons d'un degré qu'il est *enclavé* pour dire qu'il fait partie d'une succession diatonique.

RÈGLE D'OCTAVE

PREMIER DEGRÉ (*TONIQUE*)

L'accord parfait est celui qui convient le mieux à ce degré. Toutefois, s'il se répète, ou s'il a une durée assez longue, on peut y placer l'accord de quarte et sixte, pour éviter la monotonie.

Exceptionnellement, et à titre transitoire, on peut y placer l'accord de sixte.

EXEMPLES DANS LE MODE MINEUR

A L 13 881

DEUXIÈME DEGRÉ

Le second degré reçoit l'accord de sixte ou l'accord parfait (en mineur, l'accord de quinte diminuée.)

Toutefois l'on ne peut employer l'accord de sixte lorsque le deuxième degré est suivi de la dominante portant celui de quarte et sixte.

Lorsque le second degré est *enclavé,* il prend quarte et sixte:

Mineur

TROISIÈME DEGRÉ *(MÉDIANTE)*

La médiante doit porter l'accord de sixte, le seul qui convienne à son caractère tonal.

Majeur Mineur

A titre transitoire, il peut quelquefois recevoir l'accord parfait:

Majeur Mineur

A.L.13,881.

Et, transitoirement aussi, celui de quarte et sixte:

QUATRIÈME DEGRÉ

On place sur ce degré l'accord parfait ou l'accord de sixte.

Lorsque le quatrième degré descend à la médiante, l'accord de quarte et sixte est d'un excellent emploi, car on obtient la résolution de la consonance appellative de quarte augmentée dont nous avons parlé précédemment:

(Remarquez dans les deux exemples ci-dessus la résolution du second degré sur la dominante, qui évite de doubler la basse dans l'accord de sixte, et qui est très harmonieuse.)

CINQUIÈME DEGRÉ *(DOMINANTE)*

Ce degré qui, avec la tonique, a les plus importantes fonctions tonales, porte, comme elle, l'accord parfait et, s'il se répète ou s'il a une assez longue durée, il prend l'accord de quarte et sixte.

Il prend encore l'accord de $\begin{smallmatrix}6\\4\end{smallmatrix}$ lorsqu'il est enclavé.

Enfin l'accord de quarte et sixte précède souvent l'accord parfait de la dominante dans la cadence parfaite dont il accentue encore la force tonale; aussi a-t-on appelé cette cadence, *cadence forte.*

L'accord de sixte ne peut accompagner la dominante que transitoirement.

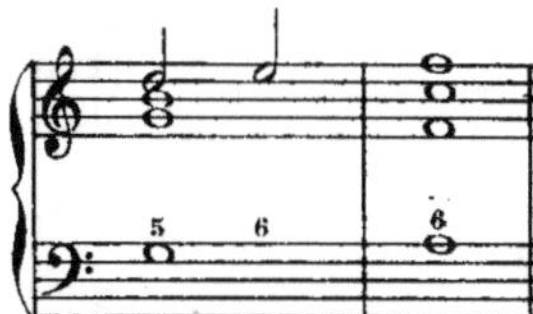

En mineur, l'accord de sixte, anti-tonal, ne peut s'employer sur la dominante que dans une suite d'accords semblables formant, comme nous le verrons plus loin, une *progression.*

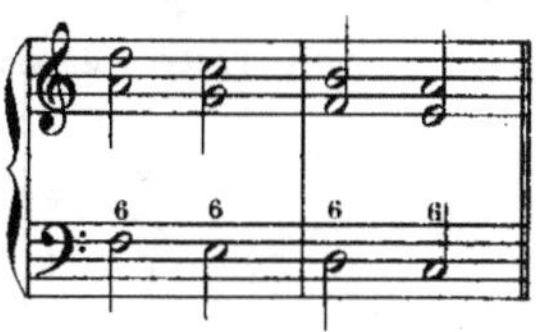

SIXIÈME DEGRÉ

Le sixième degré prend indifféremment l'accord parfait ou l'accord de sixte:

Il peut aussi prendre transitoirement l'accord de quarte et sixte:

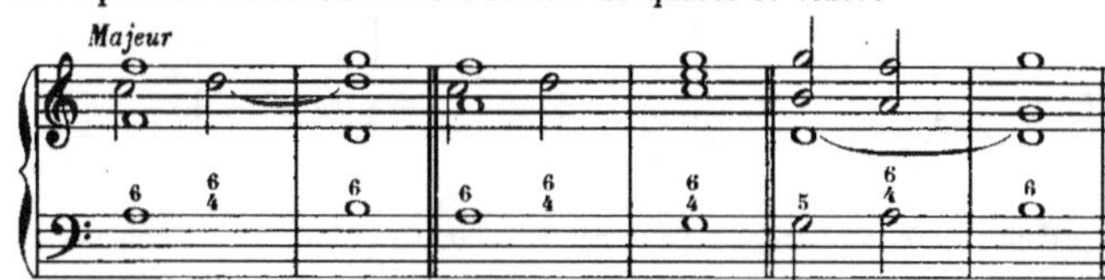

SEPTIÈME DEGRÉ *(NOTE SENSIBLE)*

C'est l'accord de sixte qui convient le mieux à la note sensible, laquelle, rappelons-le, ne doit jamais être doublée.

Lorsque le septième degré du mode mineur n'est pas altéré et n'a pas, par conséquent, le caractère d'une sensible, il n'en porte pas moins l'accord de sixte:

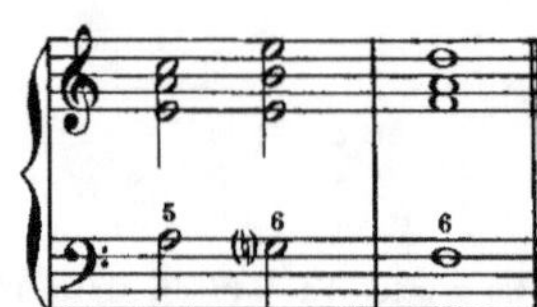

La note sensible peut aussi porter l'accord de quinte diminuée.

L'accord de quinte diminuée sur la sensible du mode majeur lui donne une ambiguïté avec le deuxième degré du mode mineur relatif, ambiguïté qu'on peut utiliser pour le passage d'un mode dans l'autre.

Enfin le septième degré peut porter l'accord de quarte et sixte passagèrement, et dans le seul cas suivant:

EXEMPLE D'UNE BASSE CHIFFRÉE ET RÉALISÉE D'APRÈS LA RÈGLE D'OCTAVE

Basses à chiffrer et à réaliser.

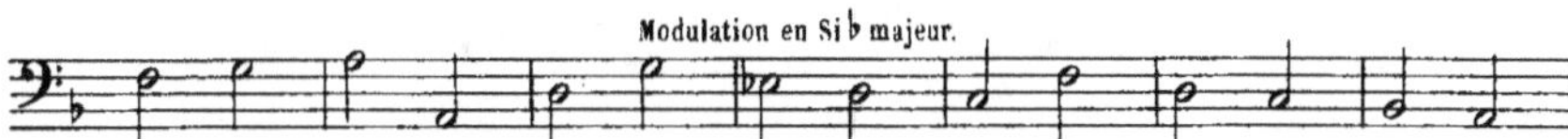

REMARQUE SUR L'HARMONISATION DE LA GAMME MINEURE

On sait que la gamme mineure a plusieurs formes, selon que le sixième degré est ou n'est pas altéré. Lorsqu'elle se présente sous celle-ci:

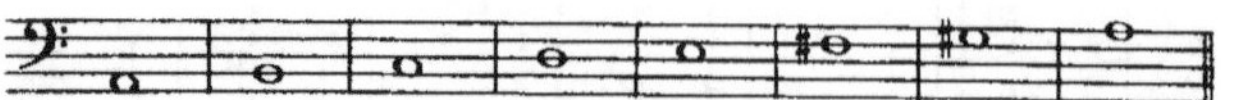

Il y a deux façons d'harmoniser le sixième degré:

1º En le considérant comme appartenant bien au ton mineur et en l'accompagnant de l'accord de sixte ou de l'accord de quinte diminuée:

ou

2º En le considérant comme deuxième degré du ton de la dominante (enclavé, il prend $\frac{6}{4}$) et constituant une modulation passagère dans ce ton.

ou

Si le sixième degré est également altéré dans la gamme descendante, cette modulation passagère devient presque obligatoire:

Et, en tous cas, est bien préférable à toute autre harmonisation:

ou

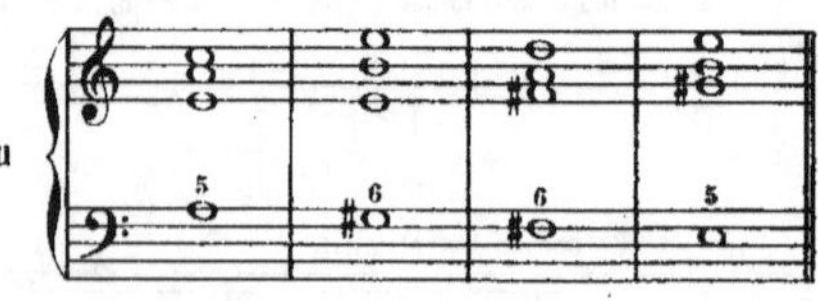

PROGRESSIONS OU MARCHES D'HARMONIE

On appelle progression ou, plus improprement, marche d'harmonie, une suite de dessins symétriques de la basse, montants ou descendants:

Dans ces successions, on ne chiffre d'après la règle d'octave que le premier *terme* (le premier dessin) de la progression et l'on répète le même chiffrage sur tous les autres termes, car la symétrie l'emporte sur le sens tonal qui se trouve suspendu tant que cette symétrie — qui doit se retrouver dans toutes les parties de l'harmonie — dure.

Une suite diatonique dont chaque note porte la même harmonie peut être considérée comme une progression:

AUTRE EXEMPLE

A L.13,881.

Les progressions peuvent être *modulantes* et *chromatiques*.

SUITE CHROMATIQUE D'ACCORDS DE SIXTE

PROGRESSION CHROMATIQUE DESCENDANTE

PROGRESSION CHROMATIQUE ASCENDANTE

Basse à chiffrer et à réaliser, contenant une progression non modulante.

Basse à chiffrer et à réaliser, contenant une progression modulante.

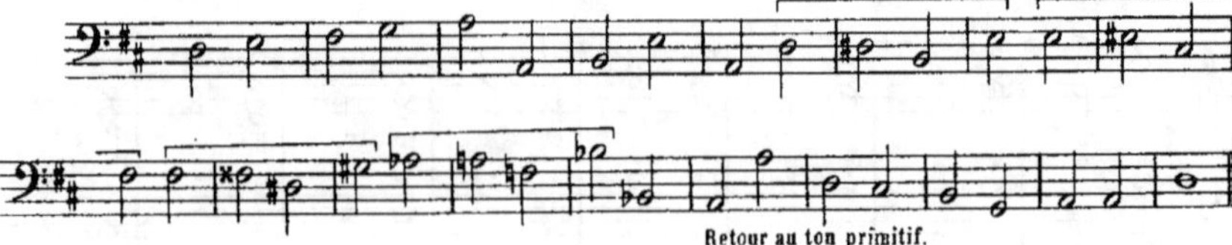

HARMONISATION DU CHANT DONNÉ

L'élève devra, dès à présent, s'exercer à accompagner un chant, c'est-à-dire à lui trouver une basse et une harmonie correctes.

Cette opération est des plus simples. Si l'on considère d'une part que la fonction tonale des notes de la gamme reste la même quelle que soit la partie de l'harmonie où elles se trouvent placées et, d'autre part, qu'une note d'un chant ne peut être — dans l'harmonie consonante — que la tierce, la quarte, la quinte, la sixte ou l'octave de la basse, on voit qu'en appliquant au chant donné la règle d'octave, on lui trouvera par déduction une basse qui, de son côté, avec le chiffrage résultant, devra être conforme à cette même règle d'octave.

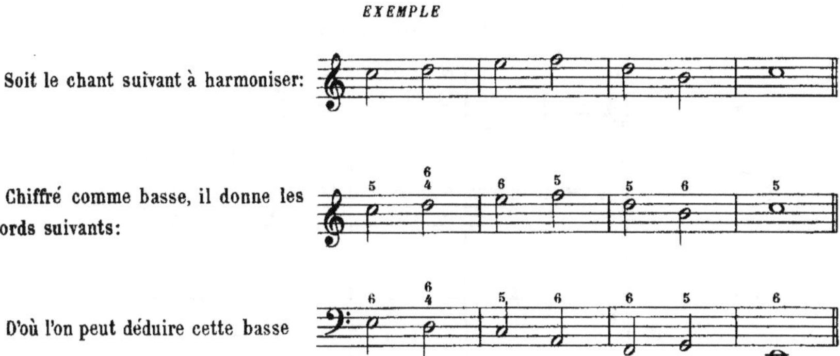

dont les accords ne sont que les renversements des premiers.

Aux harmonies données par ce procédé, il faut ajouter celles qui comprennent la tonique et la médiante comme tierce ou quinte d'un accord, ainsi qu'on le voit à la première et à la dernière mesure (cadence rompue) des exemples suivants:

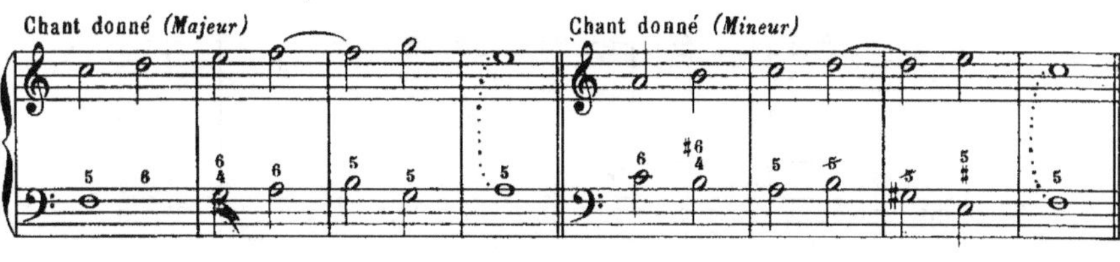

N. B.— Si nous considérons cette phrase comme *finie*, il sera indispensable que la dernière note de la basse soit la tonique amenée par la cadence parfaite. Il est bon aussi que la première note de cette basse soit la tonique.

EXEMPLE

AUTRE HARMONISATION

AUTRE EXEMPLE (Mode mineur)

CHAPITRE II

MODIFICATION DES ACCORDS CONSONANTS par la prolongation – Retards

J'appelle sur ce chapitre la plus grande attention du lecteur, car toute l'harmonie dissonante trouve son explication — en même temps que son origine — dans les deux principes qui y seront exposés.

PREMIER PRINCIPE

Toute note qui, dans la succession de deux accords, descend d'un degré, peut être prolongée sur le second accord, retardant en cela une des notes constitutives de celui-ci. Ainsi :

5º La neuvième peut retarder l'octave.

au lieu de

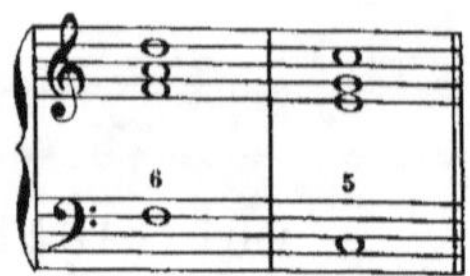

Voilà pour les parties supérieures.

A l'égard de la basse:

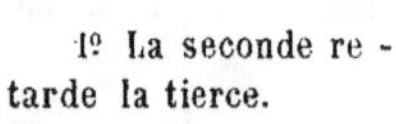

1º La seconde retarde la tierce.

au lieu de

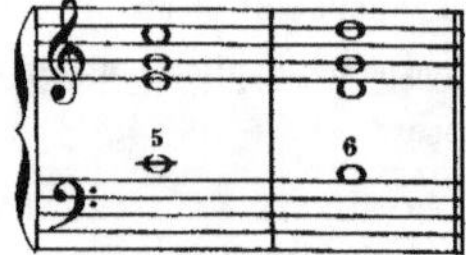

2º La tierce retarde la quarte.

au lieu de

3º La quarte retarde la quinte.

au lieu de

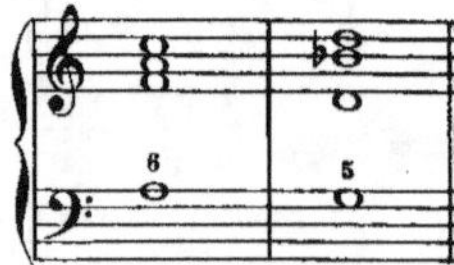

4º La quinte retarde la sixte.

au lieu de

Mais la basse ne peut retarder l'octave d'une partie supérieure en raison de la dureté d'une pareille succession:

Pour la même raison, l'octave ou l'unisson d'une partie quelconque ne peut se retarder.

La marche descendante d'une prolongation n'est obligatoire que si cette prolongation donne lieu entre elle et une autre partie à une dissonance de seconde, de septième ou de neuvième. Sinon, elle peut se résoudre en montant.

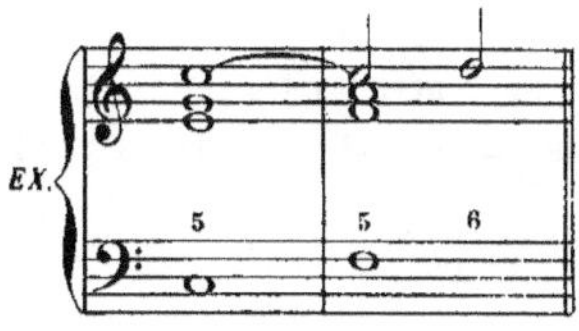

La marche de la note sensible à la tonique peut être retardée par la prolongation et donne lieu à une résolution ascendante de celle-ci (même s'il se produit entre elle et une autre partie une dissonance de septième ou de neuvième) en raison de l'attraction de la sensible pour la tonique.

On voit, dans le dernier exemple, un double retard du do. l'un par la prolongation de la sensible, l'autre par celle du second degré. Celle-ci était indispensable pour éviter le retard de l'octave d'une partie intermédiaire, retard fautif, comme nous l'avons dit, la basse seule ayant assez de résistance tonale pour supporter le retard de son octave.

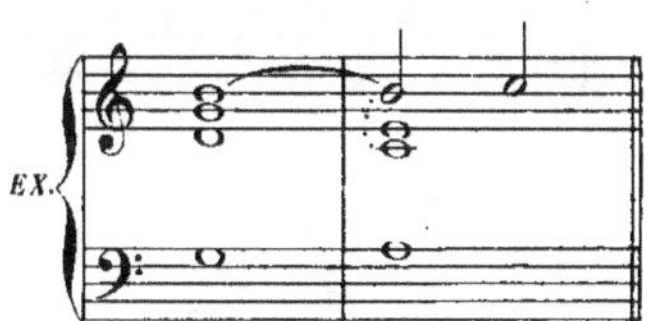

Les doubles retards sont d'un très bon emploi s'ils sont en rapport de tierce ou de sixte.

Ils sont défectueux quand ils sont en rapport de quarte.

On peut faire des triples retards par la prolongation des parties supérieures sur la basse.

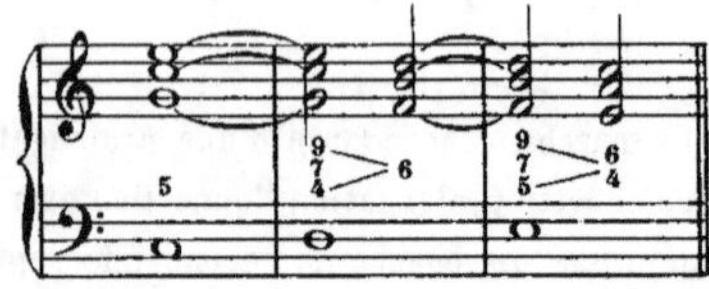

La dissonance (seconde, septième ou neuvième) résultant de la prolongation d'une note est dite *préparée* et l'on appelle *préparation de la dissonance* cette note entendue à l'état de consonance dans l'accord précédent:

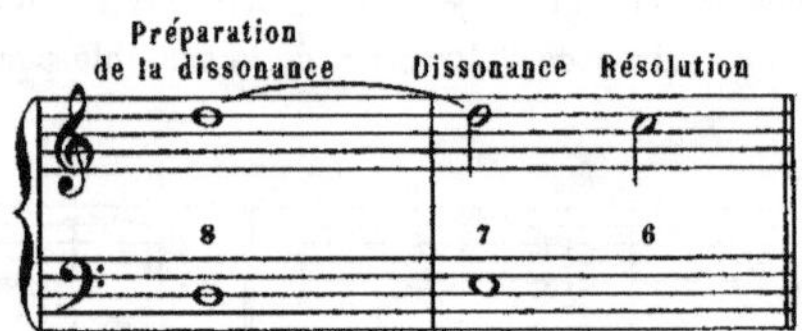

et l'on voit que la *résolution* n'est que l'aboutissement de la note prolongée à la consonance qu'elle a passagèrement retardée.

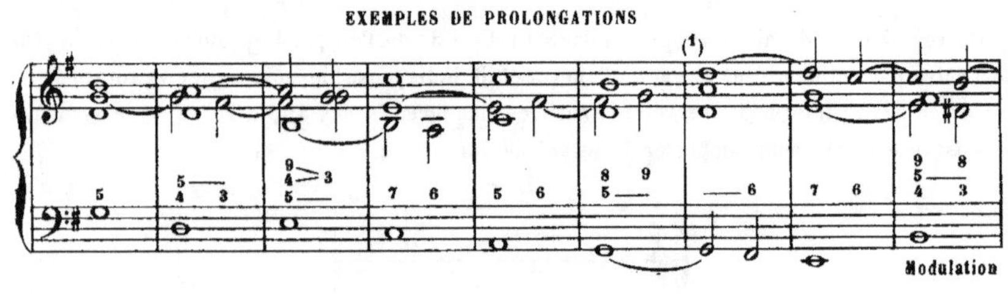

(1) (2) Remarquez cette manière de chiffrer la basse retardée, très simple et très explicite.

EXERCICES SUR LES PROLONGATIONS

DEUXIÈME PRINCIPE

Toute note prolongée peut faire sa résolution sur un autre accord que celui auquel elle était destinée.

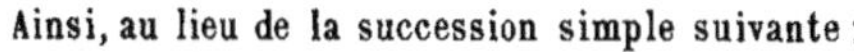

Ainsi, au lieu de la succession simple suivante :

nous pouvons avoir, par suite d'un mouvement de la basse :

ou encore

De même, au lieu de la succession simple :

nous pouvons avoir :

ou encore

Il suffit, on le voit, que la note prolongée fasse sa résolution sur une consonance.

Il en résulte que toute dissonance de septième peut avoir trois résolutions, selon que la basse reste en place, qu'elle descend d'une quinte ou qu'elle monte d'un degré.

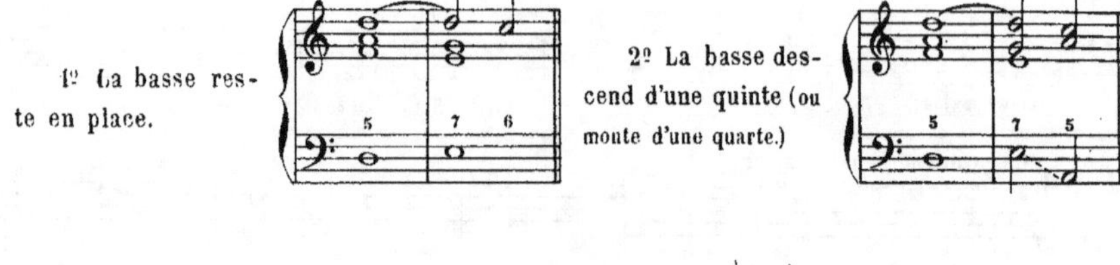

Et que toute dissonance de neuvième peut avoir également trois résolutions, suivant que la basse reste en place, qu'elle descend d'une quinte (ou monte d'une quarte) ou qu'elle descend d'une tierce.

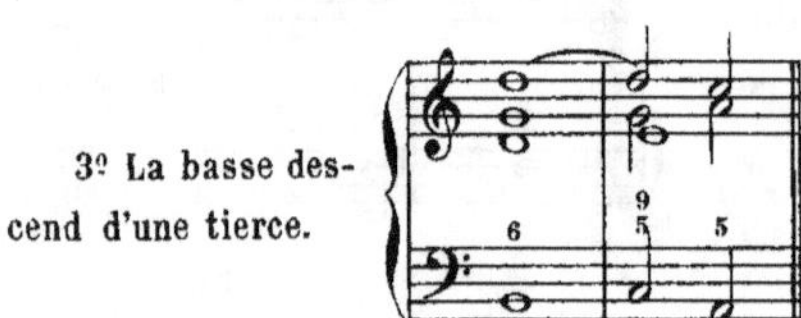

On pourrait ajouter le cas où la basse monte d'une tierce, mais on voit qu'il n'est qu'une variante de l'exemple 1°

A. L. 13, 881.

Autres exemples dans le mode mineur:

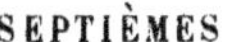

SEPTIÈMES

1º La basse reste en place.

2º La basse descend d'une quinte (ou monte d'une quarte)

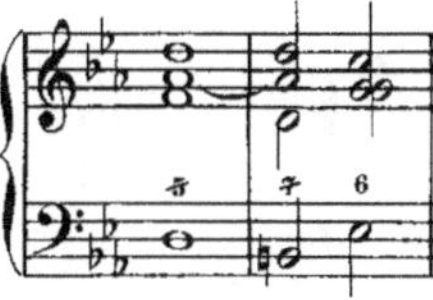

3º La basse monte d'un degré.

N. B.— De même qu'on indique la quinte diminuée par un 5 barré, de même on représente la septième diminuée par un 7 barré et, en général, tous les intervalles diminués par leur chiffre barré.

NEUVIÈMES

1º La basse reste en place.

2º La basse descend d'une quinte (ou monte d'une quarte)

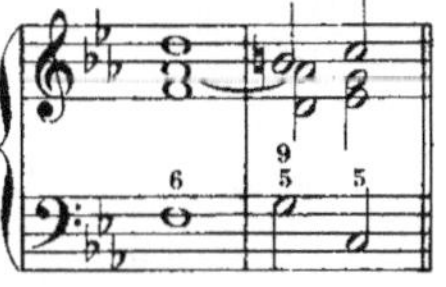

3º La basse descend d'une tierce.

Telle est l'origine de tous les accords de septième et de neuvième, origine qu'il est inutile d'aller chercher ailleurs et que l'histoire de l'art démontre surabondamment.

Nous voyons, en effet, les prolongations faire leur apparition dès le XIVe siècle et certaines des dissonances qu'elles créent être employées sans préparation dès le XVIIe siècle. L'accoutumance de l'oreille nous les fait adopter presque toutes, à l'heure actuelle, dans les mêmes conditions. C'est pour n'avoir pas remarqué ce fait, purement physiologique, que certains théoriciens ont divisé les dissonances en *naturelles* et *artificielles* comme si toutes n'étaient pas également produites par la résonance du corps sonore. (*) D'autres les ont considérées comme des *appogiatures*. Mais l'appogiature est essentiellement mélodique, ainsi qu'on le verra plus tard et ne saurait être considérée comme un élément harmonique. Il en est de même de la *substitution* d'une note à une autre et qui, combinée avec le retard de la note sensible, donne à Fétis l'explication de l'accord de septième sur le second degré. Malheureusement son système se limite à cet accord et comme il ne peut s'appliquer aux autres, Fétis n'en parle pas plus que s'ils n'existaient pas.

(*) Il suffirait, pour s'en convaincre, d'écouter sonner les cloches.

On trouvera dans les progressions suivantes des exemples de septième et de neuvième sur tous les degrés de la gamme avec les trois résolutions indiquées plus haut:

SEPTIÈMES

ou

etc.

NEUVIÈMES

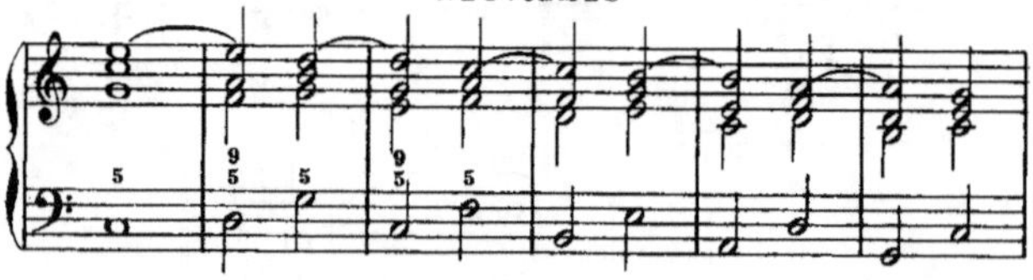

etc.

etc.

Toutes les octaves et quintes entre certaines parties sont rendues licites par le mouvement de la basse, mais lorsque celle-ci reste en place au moment de la résolution, les octaves retardées ne sont pas admissibles malgré le changement d'harmonie sur le temps faible.

La progression de neuvièmes suivante ne peut donc se faire.

Le double retard de l'octave par la neuvième et de la sixte par la septième donne les séries suivantes:

Cette adjonction de la septième à la neuvième limite à deux les manières de résoudre cet accord, la troisième des résolutions indiquées ci-dessus – lorsque la basse descend d'une tierce – n'étant plus possible en raison du mouvement parallèle de la septième:

Enfin, l'adjonction d'une quinte euphonique à l'accord de septième n'en change en rien les résolutions:

L'adjonction d'une quinte à l'accord de neuvième ne peut se faire qu'à cinq parties.
Exemple d'une progression d'accords de neuvième avec une quinte ajoutée.

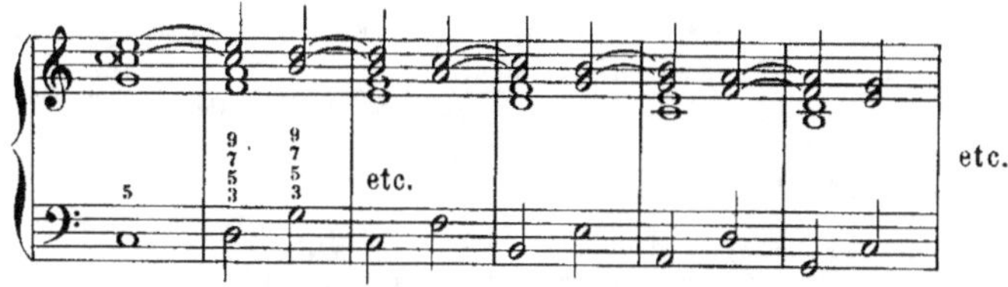

Nous pensons n'avoir pas besoin de nous appesantir davantage sur les prolongations ni sur les harmonies qu'elles engendrent. Maintenant que nous en connaissons l'origine – et sans y revenir – nous allons étudier séparément tous ces groupements de sons, dans l'ordre de leur importance tonale et de leur apparition dans la pratique harmonique.

DEUXIÈME SECTION

HARMONIE DISSONANTE

CHAPITRE I

ACCORD DE 7me DE DOMINANTE ET RENVERSEMENTS

ACCORD DE 7e DE DOMINANTE FONDAMENTAL

Cet accord, employé pour la première fois sans préparation par le compositeur italien Monteverde (1568-1643) se place, comme son nom l'indique, sur la dominante.

Il se compose de cette dominante, note de basse, de sa tierce, de sa quinte et de sa septième; il se chiffre par $\substack{7\\+}$, abréviation de $\substack{7\\5\\+3}$. (La + indiquera toujours, dorénavant, la note sensible).

La présence simultanée, dans cet accord, de la dominante et de la consonance appellative de quinte diminuée existant entre la sensible et le quatrième degré de la gamme, le rend le plus propre à caractériser la tonalité. Aussi l'emploie-t-on le plus souvent dans la cadence parfaite.

Dans la résolution, la septième descend, la sensible monte à la tonique, la quinte de l'accord est libre d'aller à la tonique ou à la médiante.

On remarquera que l'accord parfait de la tonique est incomplet. Pour l'avoir complet, il est indispensable, lorsqu'on n'écrit qu'à quatre parties, de supprimer la quinte de l'accord de septième de dominante et d'en doubler la basse.

L'accord de septième de dominante s'emploie aussi dans la cadence rompue. Mais ici la quinte de l'accord n'est plus libre dans son mouvement, elle doit forcément descendre à la tonique, sous peine de faire avec la basse des quintes consécutives et l'on n'a plus besoin de la supprimer, comme dans le cas précédent.

Mineur

La troisième résolution de cet accord peut se faire sur une harmonie passagère de quarte et sixte de la dominante:

EXEMPLES

EXEMPLE DE L'EMPLOI DE L'ACCORD DE 7e DE DOMINANTE

Modulation au relatif mineur. Retour au ton principal.

EXERCICES SUR L'EMPLOI DE LA SEPTIÈME DE DOMINANTE

RENVERSEMENTS DE L'ACCORD DE 7e DE DOMINANTE

L'accord de septième de dominante a trois renversements; si l'on place à la basse la tierce de l'accord, on obtient l'accord de *quinte diminuée et sixte.*

Si l'on y met la quinte de l'accord, on obtient l'accord de *sixte sensible.*

Enfin, si la basse fait entendre la septième de l'accord, on a l'accord de *triton.*

L'ACCORD DE 7e DE DOMINANTE ET SES TROIS RENVERSEMENTS

Acc. fondamental 1er renversement 2e renversement 3e renversement

Il est évident que les notes constitutives des renversements conservent les mêmes tendances et les mêmes propriétés tonales qu'elles avaient dans l'accord fondamental et que, par conséquent, leurs résolutions sont les mêmes; donc:

1° L'accord de quinte diminuée et sixte s'emploie sur la note sensible lorsqu'elle monte à la tonique.

Dans la résolution, la dissonance descend d'un degré, la dominante reste en place – commune aux deux accords – le second degré va à la tonique ou à la médiante *ad libitum.*

2° L'accord de sixte sensible s'emploie sur le second degré de la gamme lorsqu'il descend à la tonique ou lorsqu'il monte à la médiante.

Majeur *Mineur*

Dans la résolution, la dissonance descend, la note sensible monte à la tonique, la dominante reste en place, commune aux deux accords.

3° L'accord de triton s'emploie sur le quatrième degré lorqu'il descend à la médiante.

Majeur *Mineur*

Dans la résolution, la sensible monte à la tonique, la dominante reste en place, le second degré va à la médiante ou à la tonique, mais cette dernière résolution est préférable parce qu'elle évite de doubler la basse dans l'accord de sixte.

BON — MEILLEUR

La doublure de la basse dans l'accord de sixte est d'une assez faible sonorité lorsqu'elle est faite par la partie supérieure, aussi, lorsque le second degré se trouve à cette partie supérieure dans l'accord de triton, le fait-on monter d'une quarte, résolution des plus harmonieuses.

EXEMPLE RELATIF AUX ACCORDS PRÉCÉDENTS

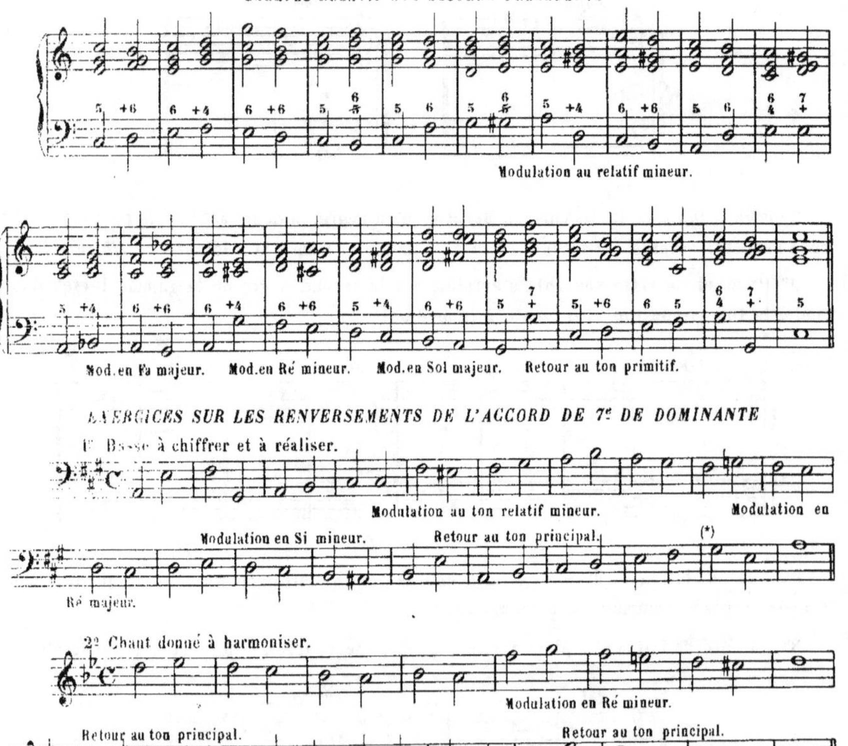

EXERCICES SUR LES RENVERSEMENTS DE L'ACCORD DE 7e DE DOMINANTE

1° Basse à chiffrer et à réaliser.

Modulation au ton relatif mineur. Modulation en Ré majeur. Modulation en Si mineur. Retour au ton principal. (*)

2° Chant donné à harmoniser.

Modulation en Ré mineur. Retour au ton principal. Modulation en Mi♭ majeur. Retour au ton principal.

(*) REMARQUE: Il faudra, au 2e temps de cette mesure, faire entendre la note sensible, quittée par la basse, par une autre partie.

Chiffrage plus simple

Les échanges de notes se pratiquent dans ces accords – ainsi que dans tous ceux que nous verrons par la suite – de la même façon que dans les accords consonants.

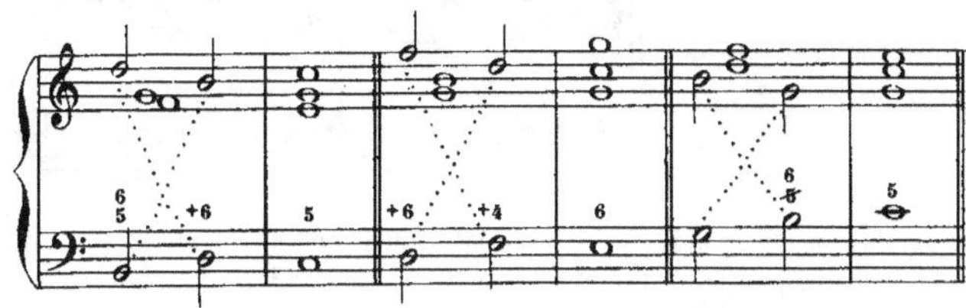

Toutefois, dans un mouvement rapide, l'échange de notes ou le complément d'un accord n'est pas nécessaire.

PROGRESSIONS DE L'ACCORD DE 7e DE DOMINANTE
et de ses Renversements

Lorsque la basse se meut par quintes justes descendantes (ou quartes ascendantes) chacune de ces notes peut être considérée comme une dominante et porter, par conséquent, l'accord de septième.

A 5 parties.

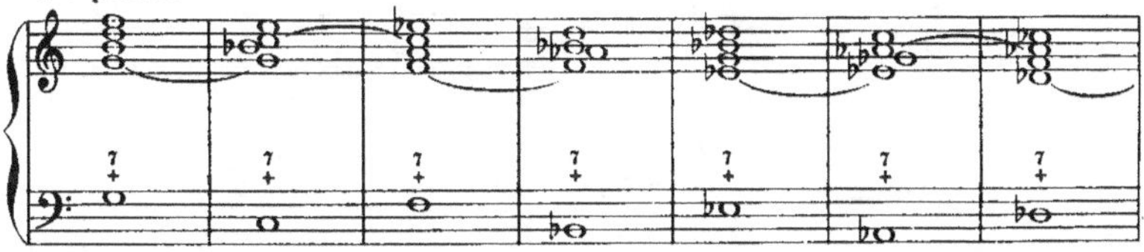

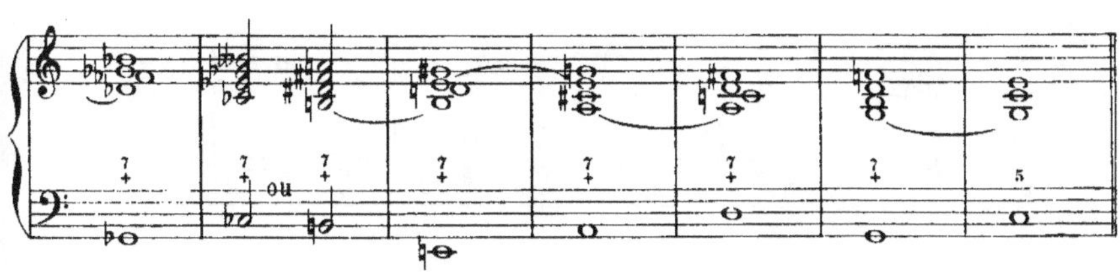

ou

On voit que toutes les notes ont leur résolution normale, sauf la note sensible qui s'abaisse d'un demi-ton pour devenir la septième de l'accord suivant.

Cette progression n'est qu'une contraction de celle-ci:

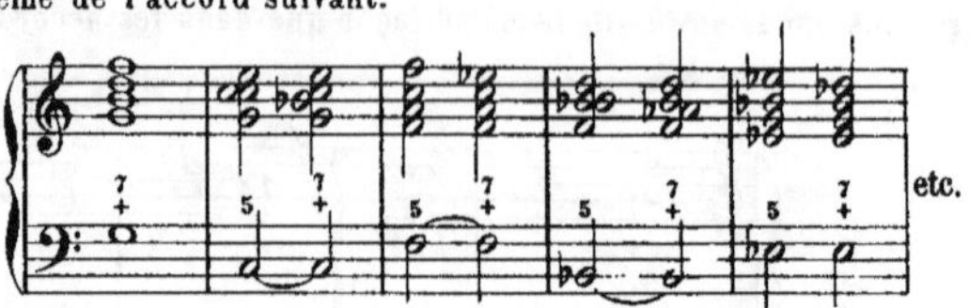

A quatre parties, la progression offre alternativement un accord complet et un incomplet ou *vice versa*. Il faut donc, lorsqu'on veut conclure par une cadence parfaite, que le dernier accord de septième soit incomplet.

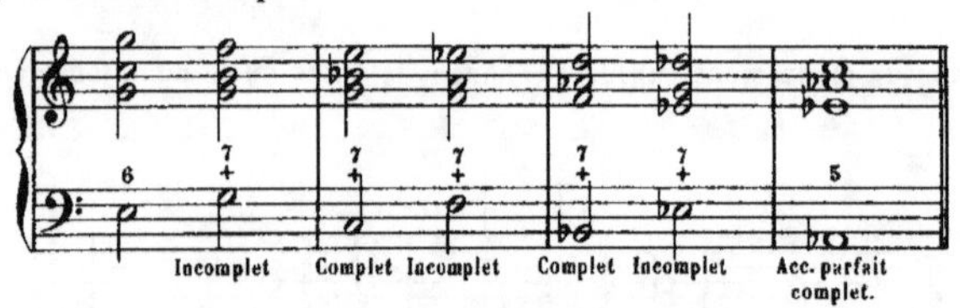

Les progressions des renversements de l'accord de septième de dominante sont au nombre de quatre dont le mouvement se trouve indiqué dans l'exemple à cinq parties donné plus haut; deux parties descendent chromatiquement et deux autres par tons entiers, alternativement.

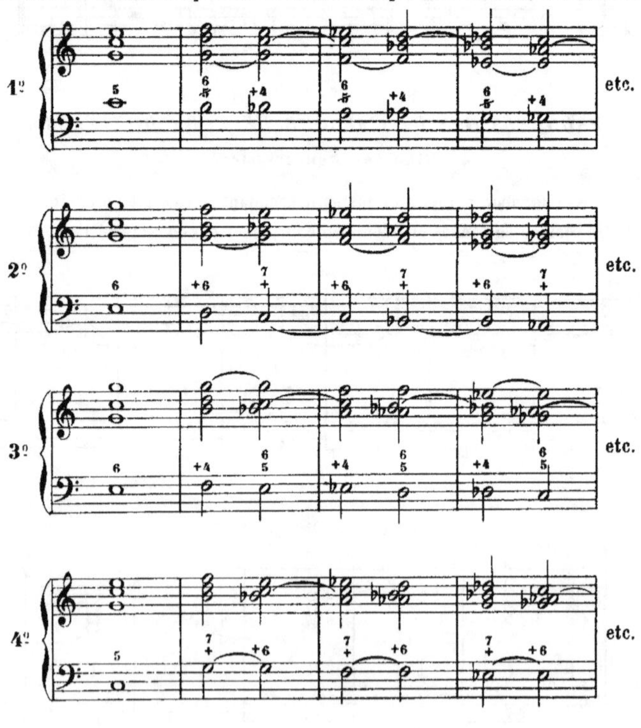

PROGRESSIONS ASCENDANTES DE L'ACCORD DE 7e DE DOMINANTE

Nous avons fait voir l'enchaînement des accords de septième de dominante par la marche de la basse de quintes en quintes justes descendantes et où se succèdent les tonalités dans l'ordre des bémols *(ut, fa, si ♭, mi ♭, la ♭, etc.)*

Il est possible de faire des successions d'accords de septième de dominante dans l'ordre inverse, la basse montant par quintes justes.

La succession des tonalités s'établit ainsi dans l'ordre des dièses *(ut, sol, ré, la, mi, si, etc.)*

EXEMPLE

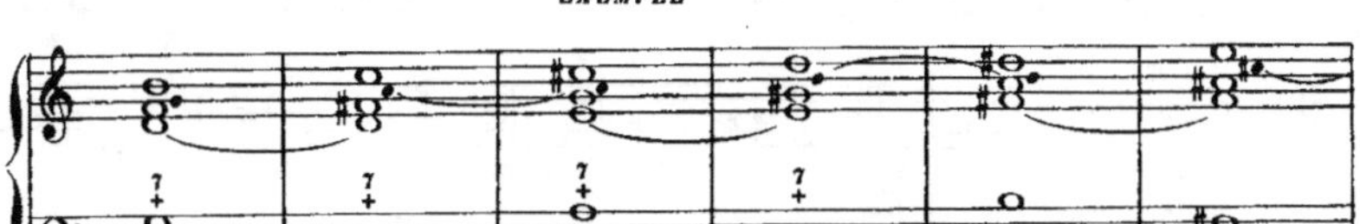

RENVERSEMENTS

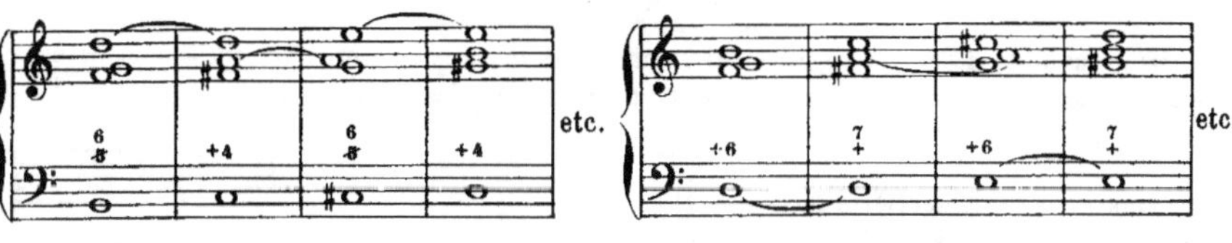

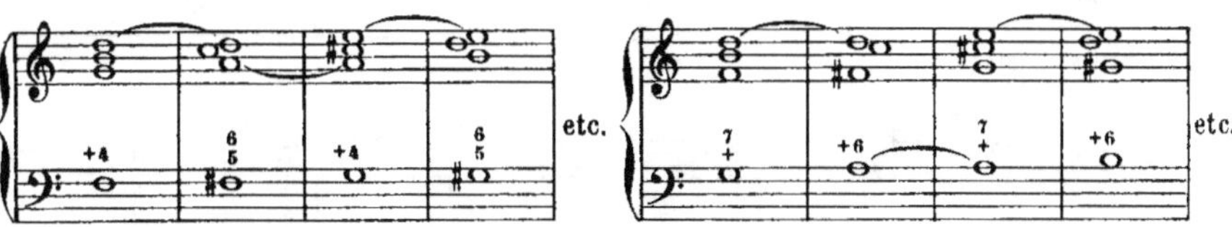

Ces successions sont souvent employées à l'état fragmentaire dans la musique moderne.

EXERCICES SUR LES PROGRESSIONS CI-DESSUS

1º Basse à chiffrer et à réaliser.

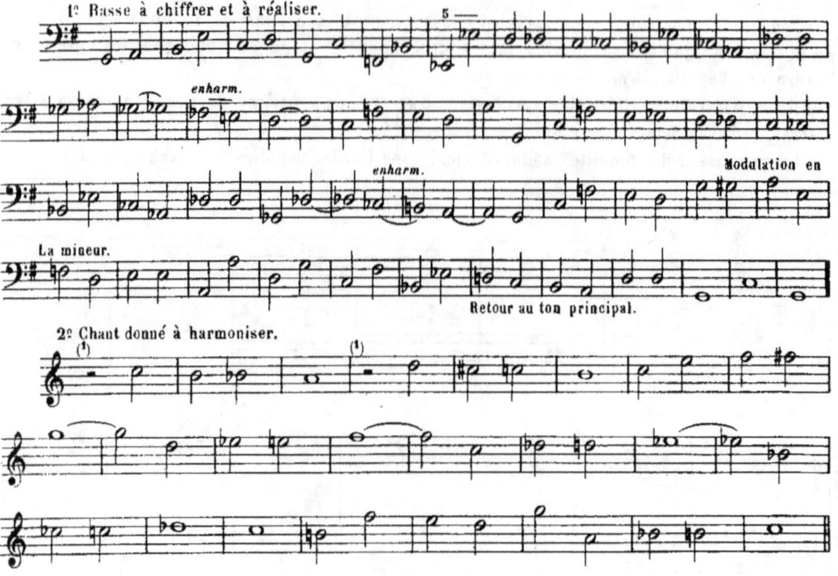

RETARDS DANS L'ACCORD DE 7e DE DOMINANTE
et ses Renversements

Le même procédé de prolongation qui a donné naissance aux accords de septième et de neuvième s'applique également à ceux-ci dont on peut retarder les intervalles.

Dans l'accord de septième de dominante le retard le plus employé est celui de la note sensible.

Renversements:

(1) Les 3 parties inférieures commenceront au premier temps de la mesure.

A ce retard de la sensible, on peut joindre celui de la quinte de l'accord et quelquefois, celui-ci s'emploie seul:

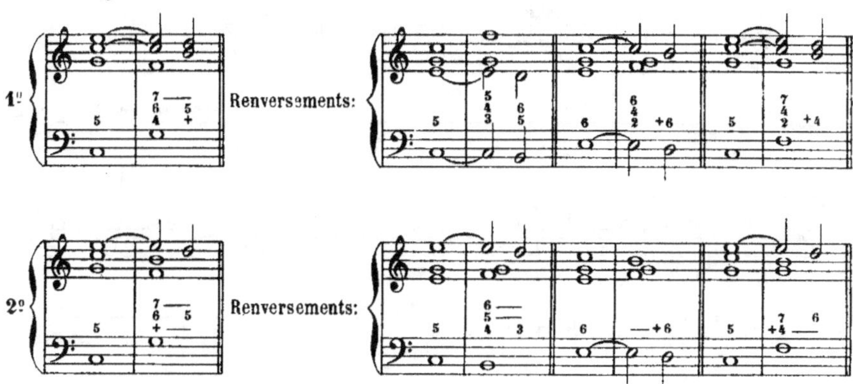

EXEMPLE CONTENANT LES RETARDS PRÉCÉDENTS ET D'AUTRES DANS LES ACCORDS CONSONANTS

EXERCICES

1º Basse à chiffrer et à réaliser.

Modulation en Sol majeur.

Modulation en Mi mineur.

Progression avec retards.

Ton de La ♭ majeur.

Progression ascendante.

Retour au ton principal.

2º Chant donné à harmoniser.

Modulation au relatif mineur.

Modulation en La ♭ majeur.

Retour au ton de Sol min.

Ton initial.

OBSERVATION

Pour une raison d'équilibre facile à saisir, une prolongation ne doit pas avoir une valeur plus grande que sa préparation.

La préparation, en effet, est une sorte de contrepoids qui doit être au moins égal à la prolongation.

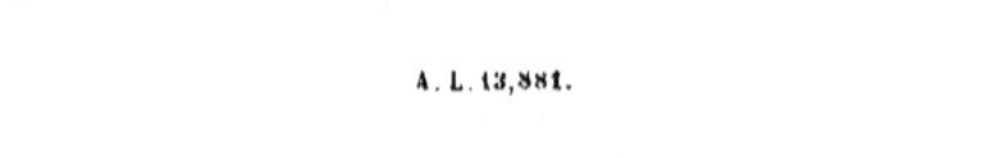

Pourtant il y a aussi un manque d'équilibre lorsque la note prolongée est trop courte, parce qu'alors la prolongation ne se fait pas assez sentir.

CHAPITRE II

ACCORD DE 9me DE DOMINANTE

Cet accord se compose de la dominante –note de basse– de sa tierce majeure, de sa quinte, de sa septième et de sa neuvième (majeure dans le mode majeur, mineure dans le mode mineur).

Il se chiffre par $\begin{smallmatrix}9\\7\\+\end{smallmatrix}$.

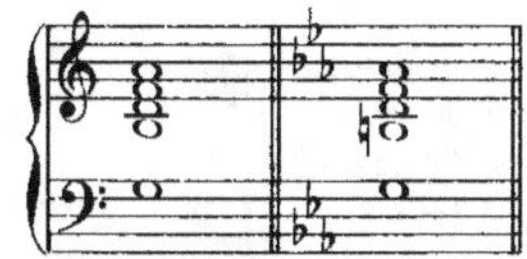

La présence simultanée de la dominante, de la sensible et du quatrième degré donne à cet accord la même propriété qu'à l'accord de septième de dominante dont il n'est qu'une variété.

L'accord de neuvième de dominante ne peut s'employer dans la cadence rompue parce que la neuvième n'aurait pas de résolution; mais il est d'un bon usage dans la cadence parfaite ainsi que dans le renversement de cette cadence (dominante tenue ou répétée à la basse).

Majeur

Mineur

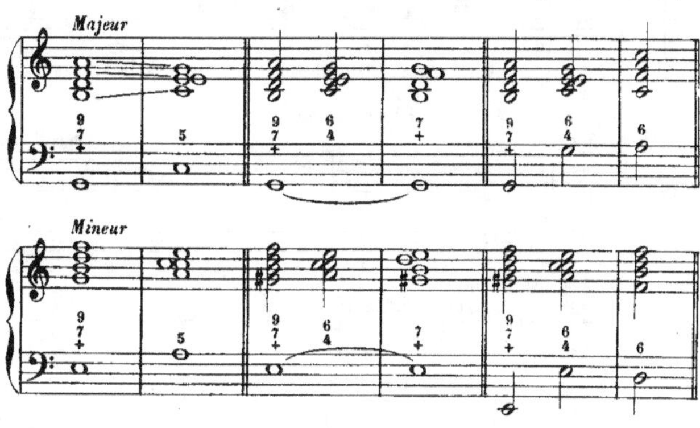

A quatre parties, on supprime la quinte de l'accord.

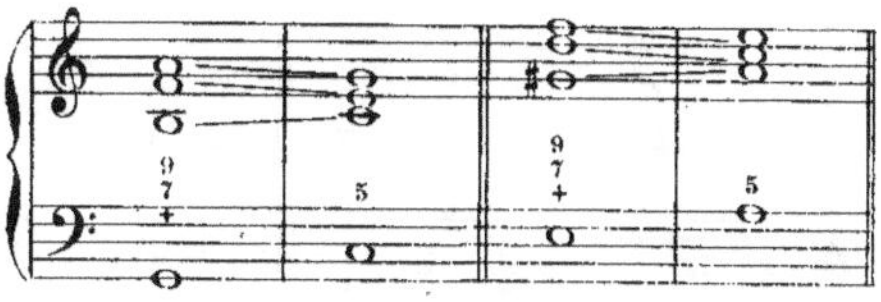

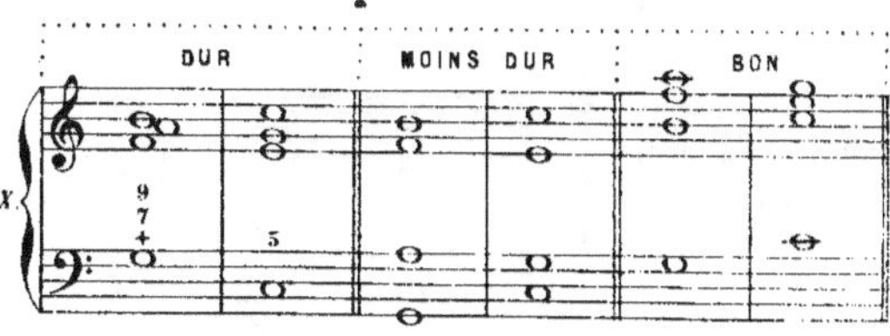

Cette quinte n'a du reste, ainsi que nous l'avons fait voir au chapitre des prolongations, qu'un rôle accessoire.

En majeur, la neuvième se place toujours à la partie supérieure, en raison de sa relation de seconde majeure avec la sensible. On peut aussi la mettre à distance de neuvième de cette sensible.

EX.

DUR
MOINS DUR
BON

En mineur ces précautions ne sont pas nécessaires, la neuvième étant distante de la sensible d'une seconde augmentée qui sonne comme une tierce mineure.

La neuvième peut faire sa résolution sur la dominante avant la cadence, l'accord se transforme alors en accord de septième de dominante. De même un accord de septième de dominante peut, par une opération inverse, se transformer en accord de neuvième.

EXEMPLE DE L'EMPLOI DES ACCORDS CI-DESSUS

N. B.— L'accord de neuvième mineure de dominante s'emploie souvent dans le mode majeur:

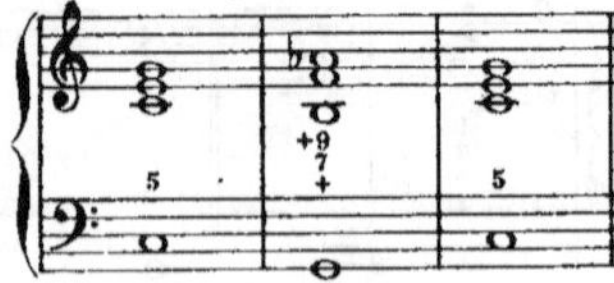

c'est à dessein que je me réserve d'en parler au chapitre des altérations. Il en sera de même de *l'accord de septième diminuée* appliqué au mode majeur.

PROGRESSIONS DE L'ACCORD DE 9e DE DOMINANTE

Lorsque la basse marche par quintes justes descendantes (ou quartes ascendantes) on peut employer l'accord de neuvième de dominante sur chacune de ses notes qui, comme on l'a vu au sujet des progressions de septièmes, peut être considérée comme une dominante.

A 5 parties.

etc.

Remarquez que toutes les neuvièmes, à partir de la seconde, se trouvent préparées et peuvent, par conséquent, se trouver dans n'importe quelle partie.

A quatre parties, on a alternativement un accord de neuvième et un accord de septième, ou *vice versa*.

ou

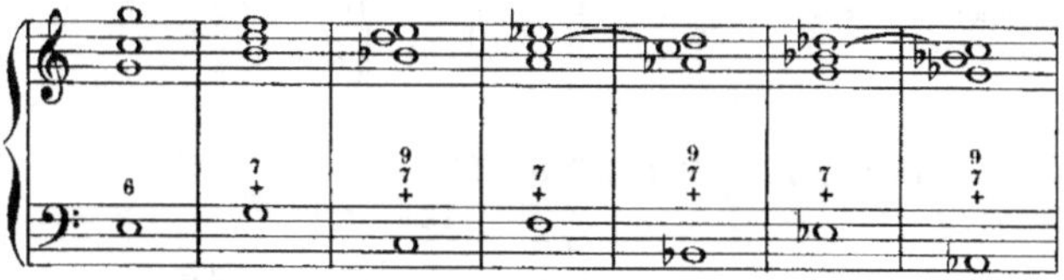

Dans les deux cas, l'accord de septième étant complet, il faut, si l'on veut conclure par une cadence parfaite, s'arranger de façon à avoir l'accord de neuvième en dernier lieu, afin que l'accord parfait terminal soit complet.

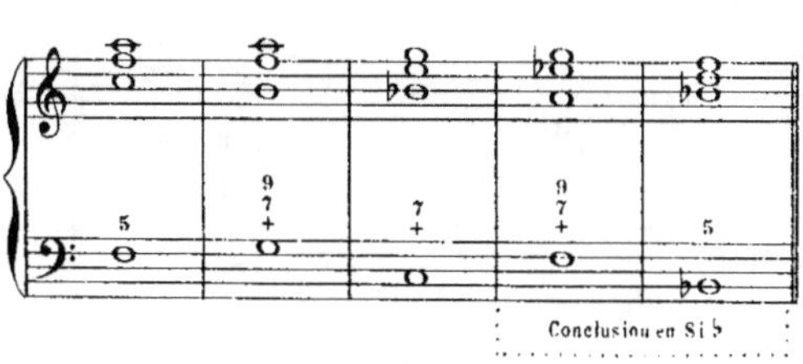

Conclusion en Si ♭

A. L. 13,881.

On peut cependant arriver au même résultat avec l'accord de septième en changeant sa disposition avant sa résolution:

Beaucoup d'auteurs sortent de la difficulté en faisant descendre la note sensible lorsqu'elle se trouve dans une partie intérieure.

Cette marche de la sensible est contraire au sens musical. Si elle passe inaperçue sur le piano, elle est choquante dans un chœur ou dans un ensemble où les parties ont un timbre différent.

Nous avons vu que l'octave de la basse peut être retardée par la neuvième, mais que cette basse ne peut retarder l'octave d'une partie supérieure. Il en découle que l'accord de neuvième ne peut avoir de renversements.

Les agrégations suivantes, qu'on rencontre souvent, n'ont que l'apparence de renversements de la neuvième de dominante. En réalité, ce sont des accords et des renversements de la septième de sensible et de la septième diminuée (dont nous nous occuperons plus loin) accompagnés d'une *pédale* intérieure de dominante.

Il en est de même des prétendus accords de septième et de neuvième de dominante *sur tonique,* tonique qui n'est ici qu'une pédale inférieure.

RETARDS DANS L'ACCORD DE 9e DE DOMINANTE

A quatre parties, l'accord étant privé de sa quinte, la note sensible seule peut être retardée.

A cinq parties, on peut retarder la quinte de l'accord et faire les deux retards simultanément.

EXEMPLE CONTENANT DES ACCORDS DE 9e AVEC LES RETARDS DONT IL VIENT D'ÊTRE PARLÉ

EXERCICES SUR CE QUI PRÉCÈDE

1º Basse à chiffrer et à réaliser.

2º Chant donné à harmoniser.

Modul. en La mineur.

Modulation en Sol mineur.

Modul. en Fa majeur.

Retour au ton principal.

CHAPITRE III

ACCORD DE 7me DE SENSIBLE

ACCORD FONDAMENTAL

Cet accord se compose de la note sensible – note de basse – de sa tierce, de sa quinte (diminuée) et de sa septième (mineure).

Il appartient exclusivement au mode majeur et ne peut s'employer que lorsque la note sensible monte à la tonique. Dans la résolution, la septième descend d'un degré, la quinte – note attractive – descend également; la tierce, elle, est obligée de monter à la médiante, sous peine de faire avec la septième descendante deux quintes consécutives.

Cet accord se chiffre $\overset{7}{\text{+}5}$

La septième peut se résoudre par anticipation sur la dominante; l'accord se transforme alors en accord de quinte diminuée et sixte dont il a du reste toutes les propriétés tonales.

La tierce devient libre en son mouvement.

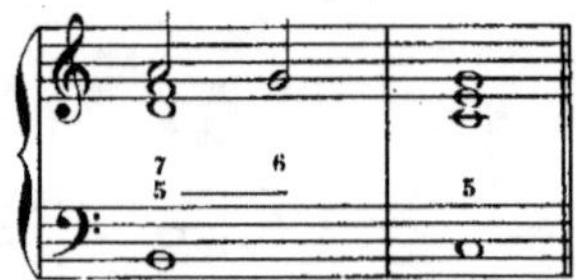

L'accord de quinte diminuée et sixte peut aussi se transformer en accord de septième de sensible.

L'acerbité de cet accord fait qu'on en place généralement la septième à la partie supérieure. Pourtant d'autres dispositions peuvent s'employer.

On voit que, dans cette dernière, rien n'empêche la tierce de l'accord de descendre.

RENVERSEMENTS DE L'ACCORD DE 7e DE SENSIBLE

Les renversements de l'accord de septième de sensible sont:

1º L'accord de quinte et sixte sensible, qui se place sur le second degré lorsqu'il va à la médiante.

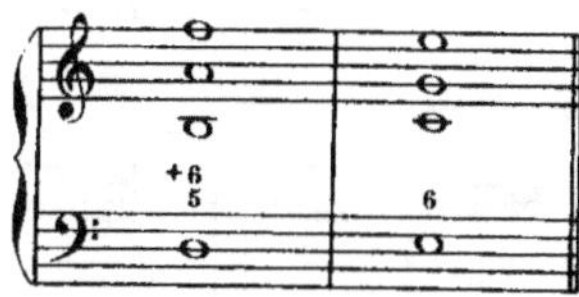

N.B.— Lorsque le sixième degré fait une résolution anticipée, l'accord peut s'employer lorsque la basse descend d'un degré:

parce que, comme on le voit, les quintes consécutives sont évitées.

2º L'accord de triton et tierce majeure, qui se place sur le quatrième degré lorsqu'il descend à la médiante.

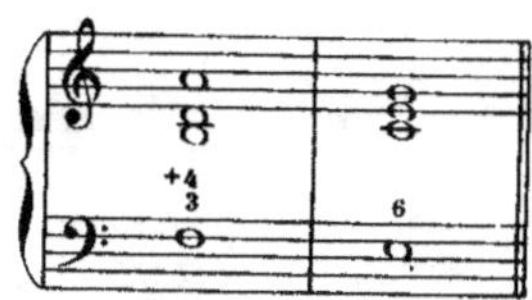

Résolution anticipée

3º L'accord de seconde sensible, qui se place sur le sixième degré lorsqu'il descend à la dominante. La dureté de cet accord fait qu'on ne l'emploie que lorsque la basse est préparée:

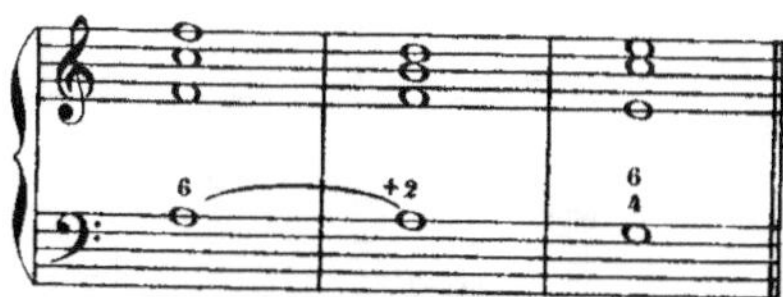

Résolution par anticipation

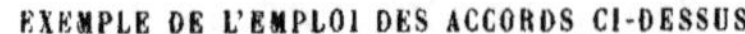

EXEMPLE DE L'EMPLOI DES ACCORDS CI-DESSUS

EXERCICES SUR LES ACCORDS PRÉCÉDENTS

RETARDS DANS L'ACCORD DE 7e DE SENSIBLE
et dans ses Renversements

A l'exception de la septième, toutes les notes de ces accords peuvent être retardées, soit séparément, soit par accouplement.

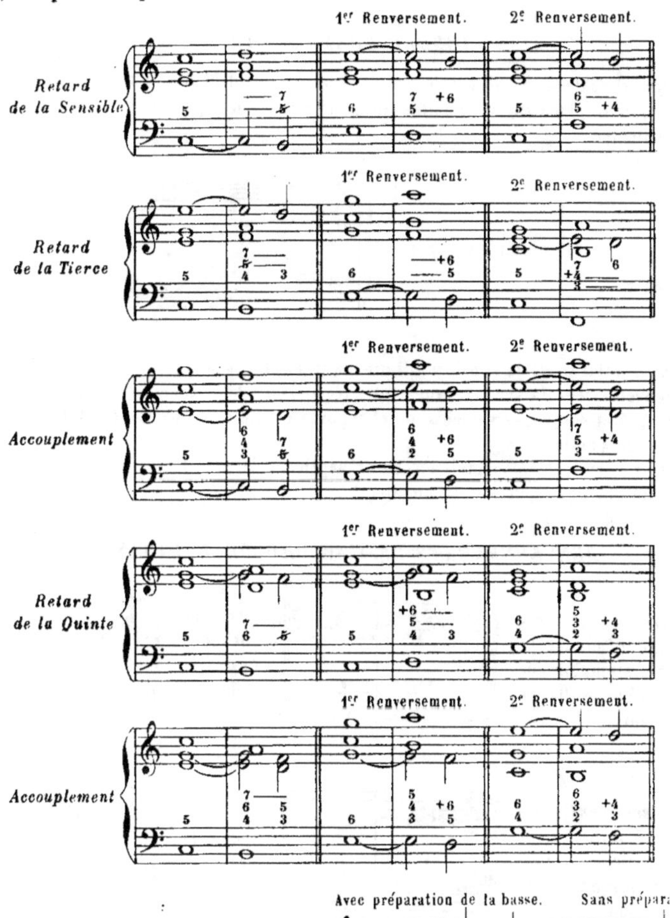

Le retard de la sensible est le seul possible dans le troisième renversement dont la préparation alors n'est plus nécessaire.

Le retard du deuxième degré y est impraticable, puisqu'il donnerait lieu, avec la basse, à des quintes consécutives.

CHAPITRE IV

ACCORD DE 7me DIMINUÉE

ACCORD FONDAMENTAL

Cet accord est analogue à l'accord de septième de sensible dont il a la même fonction tonale.

Comme lui, il se place sur la sensible du mode mineur lorsqu'elle va à la tonique et la a la même résolution.

Il se chiffre par 7̸

La douceur relative de la septième diminuée (équivalant à la sixte majeure: sol♯, fa♮=la♭, fa♮) et de son renversement, la seconde augmentée (équivalant à la tierce mineure) fait qu'on peut disposer cet accord et ses renversements de n'importe quelle manière et placer la dissonance à n'importe quelle partie.

La septième peut, comme dans l'accord de septième de sensible et dans ses renversements, faire sa résolution anticipée sur la dominante.

RENVERSEMENTS DE L'ACCORD DE 7e DIMINUÉE

1er Renversement: Accord de quinte diminuée et sixte sensible, s'emploie sur le second degré lorsqu'il monte à la médiante.

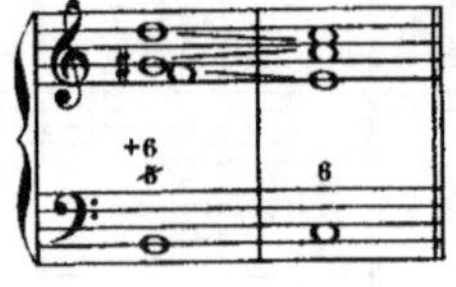

Résolution anticipée (La basse peut descendre à la tonique)

2e Renversement: Accord de tierce mineure et triton; s'emploie sur le quatrième degré lorsqu'il descend à la médiante.

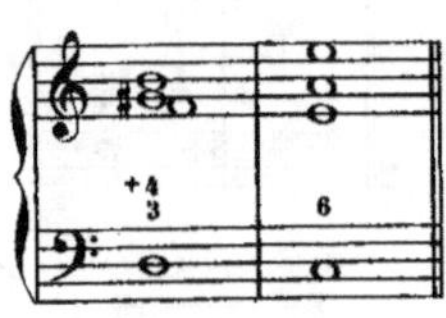

Résolution anticipée

3e Renversement: Accord de seconde augmentée; s'emploie sur le sixième degré lorsqu'il descend à la dominante.

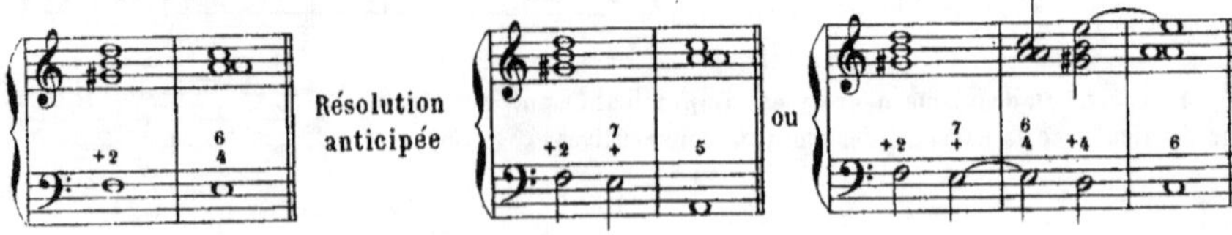

EXEMPLE DE L'EMPLOI DES ACCORDS CI-DESSUS

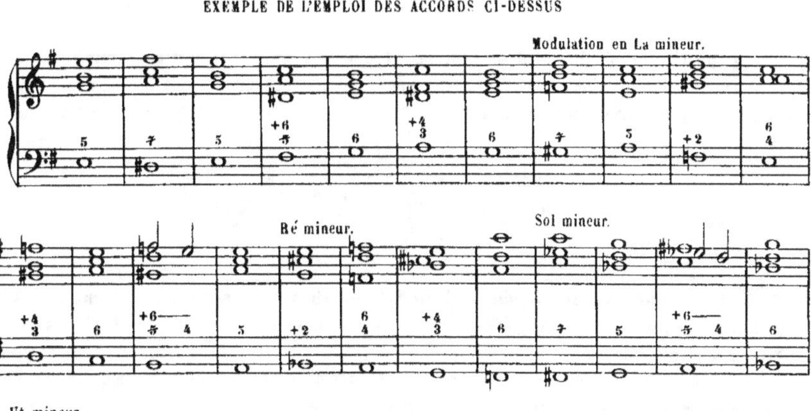

Ut mineur. Mi mineur.

enharm.

EXERCICES SUR L'ACCORD DE 7e DIMINUÉE ET SES RENVERSEMENTS

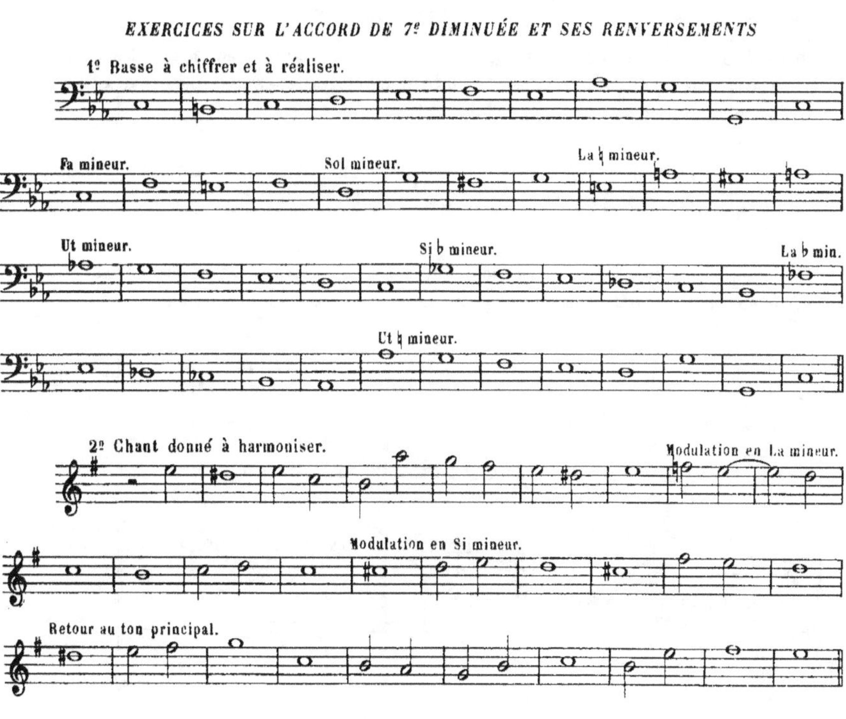

PROPRIÉTÉS MODULANTES DE L'ACCORD DE 7e DIMINUÉE

La constitution de l'accord de septième diminuée formé de trois tierces mineures et contenant deux quintes diminuées, fait que ses renversements sont semblables à lui-même; en effet, si dans l'accord suivant nous remplaçons la ♭ par sol ♯, fa ♮ par mi ♯, si ♮ par do ♭, nous obtenons:

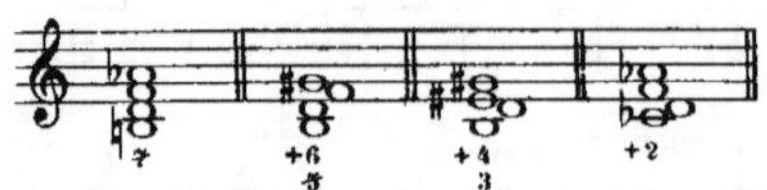

Cette écriture enharmonique met en relation le ton primitif d'ut mineur avec ceux de la mineur, fa ♯ mineur et mi ♭ mineur et même — comme on le verra plus tard — avec leurs homonymes majeurs.

En d'autres termes, chacune des notes constitutives de l'accord de septième diminuée peut être considérée, par le compositeur, comme une sensible.

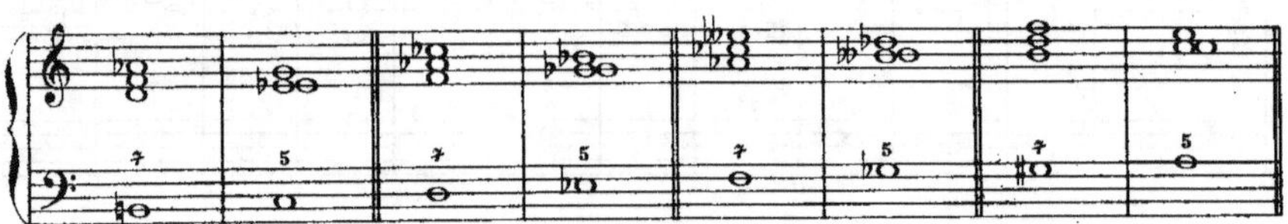

Cette propriété modulante est encore accrue par la facilité avec laquelle les accords de septième diminuée — par suite de l'absence de toute quinte juste — s'enchaînent l'un à l'autre chromatiquement, soit en montant soit en descendant:

De sorte qu'il suffit d'une succession de trois de ces accords, dans un sens ou dans l'autre pour mettre en relation tous les tons mineurs (et, par extension, tous les tons majeurs).

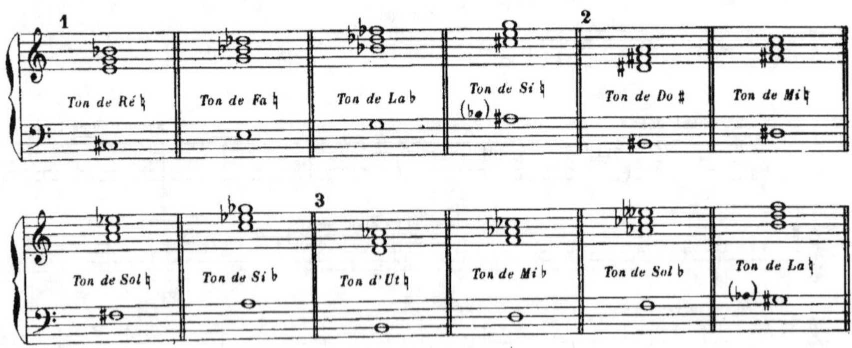

EXEMPLE DE MODULATIONS PAR L'ACCORD DE 7e DIMINUÉE

RETARDS DANS L'ACCORD DE 7e DIMINUÉE

De même que dans l'accord de septième de sensible, toutes les notes, sauf la septième, peuvent se retarder et s'employer ainsi, soit isolément, soit par accouplement.

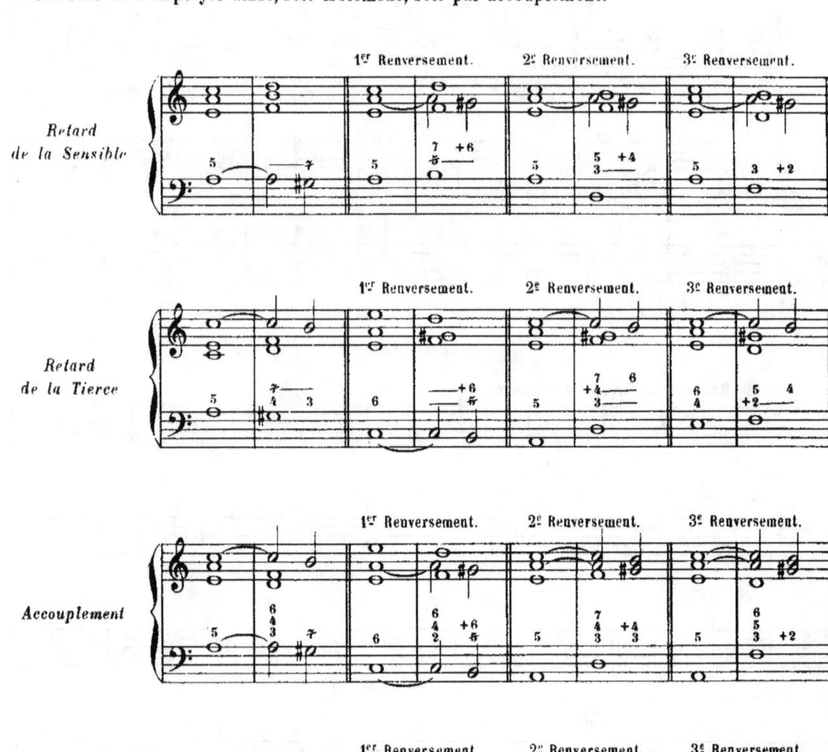

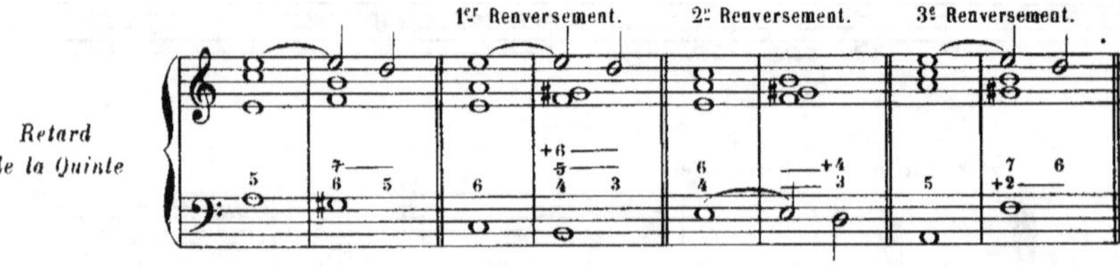

Tous les accords dissonants comprenant la note sensible (7me et 9me de dominante, 7me de sensible et 7me diminuée) peuvent être prolongés en entier sur l'accord consonant qui les suit.

EXEMPLE

Chez Mozart, Haydn et leurs contemporains on trouve souvent cette variante:

La prolongation totale de ces accords se fait aussi dans leurs renversements. Elle est pourtant moins heureuse lorsque le troisième degré, qui n'a pas une grande force tonale, supporte le retard de l'octave.

EXEMPLE

(1) *REMARQUE:* Dans ce dernier exemple, le second degré se résoud en montant. Ce mouvement est ici obligatoire pour éviter deux quintes consécutives entre les deux parties supérieures. Il est en outre rendu licite par le demi-ton attractif qui sépare le *si* du *do*. On peut même dire d'une façon générale que toute prolongation peut avoir une résolution ascendante (comme la note sensible) si elle est séparée de la note résolutive par un demi-ton.

EXERCICES SUR LES RETARDS PRÉCÉDENTS

Ici se termine la série des accords dissonants contenant la relation appellative de quinte diminuée existant entre la note sensible et le quatrième degré et qui rendent ces accords les plus propres à caractériser la tonalité. C'est pour cette raison qu'ils ont été les premiers à être employés sans préparation. Dans les autres agrégations dissonantes cette relation n'existe plus. Il en résulte une certaine aisance, une liberté plus grande dans l'emploi et la résolution de ces accords, mais aussi, pour beaucoup, la nécessité de la préparation, nécessité qui cependant, comme nous l'avons dit, disparaît peu à peu, par suite de l'accoutumance progressive de notre oreille aux duretés harmoniques.

CHAPITRE V

ACCORD DE 7me MINEURE DU SECOND DEGRÉ

Cet accord se compose du second degré, note de basse, de sa tierce, de sa quinte et de sa septième.

Pendant longtemps on a dû préparer cette septième, aujourd'hui l'on s'en dispense souvent et particulièrement dans le mode mineur où l'accord dont il s'agit a la même composition que l'accord de septième de sensible du majeur relatif.

Majeur Avec préparation — Sans prépar. — *Mineur* Avec préparation — Sans prépar.

Il s'emploie dans les trois cas suivants:

1º La basse reste en place (ou se répète). La résolution se fait alors tout naturellement sur l'accord de sixte sensible.

Majeur — *Mineur*

2º La basse monte à la médiante. La résolution se fait sur l'accord de sixte et très rarement—en majeur seulement—sur l'accord parfait:

Majeur — *Mineur*

3º La basse va à la dominante. La résolution se fait sur l'accord parfait ou l'accord de septième de la dominante, suivant les cas:

La résolution peut se faire aussi sur l'accord de quarte et sixte dans le cas de la *cadence forte.*

EXEMPLE DE L'EMPLOI DE L'ACCORD DE 7e DU SECOND DEGRÉ

N. B.— La quinte n'étant pas une note essentielle de l'accord peut très bien être supprimée dans un cas de nécessité.

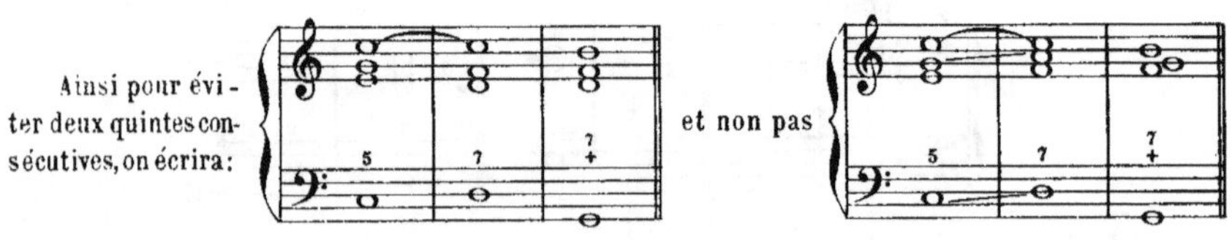

EXERCICES SUR L'ACCORD DE 7e DU SECOND DEGRÉ

2º Chant donné à harmoniser.

RENVERSEMENTS DE L'ACCORD DE 7e MINEURE DU SECOND DEGRÉ

Les renversements de cet accord sont:

1º L'accord de quinte et sixte, qui se place sur le quatrième degré lorsqu'il reste en place et lorsqu'il va à la dominante ou à la médiante.

Même emploi et mêmes résolutions en mineur.

2º L'accord de tierce et quarte, qui se place sur le sixième degré lorsqu'il descend à la dominante.

Même emploi et mêmes résolutions en mineur.

3º L'accord de seconde, qui se place sur la tonique lorsqu'elle descend à la sensible.

Majeur *Mineur*

EXEMPLE DE L'EMPLOI DES RENVERSEMENTS DE L'ACCORD DE 7e MINEURE SUR LE SECOND DEGRÉ

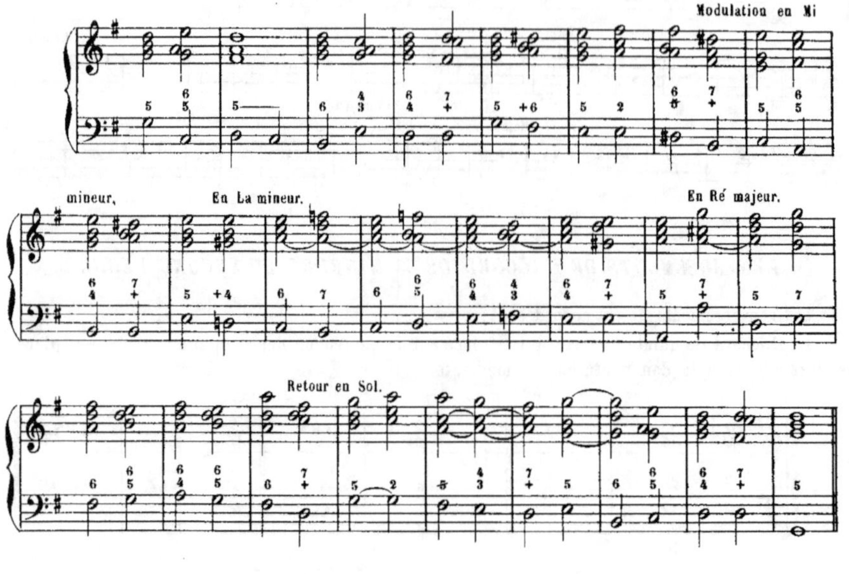

EXERCICES SUR LES ACCORDS PRÉCÉDENTS

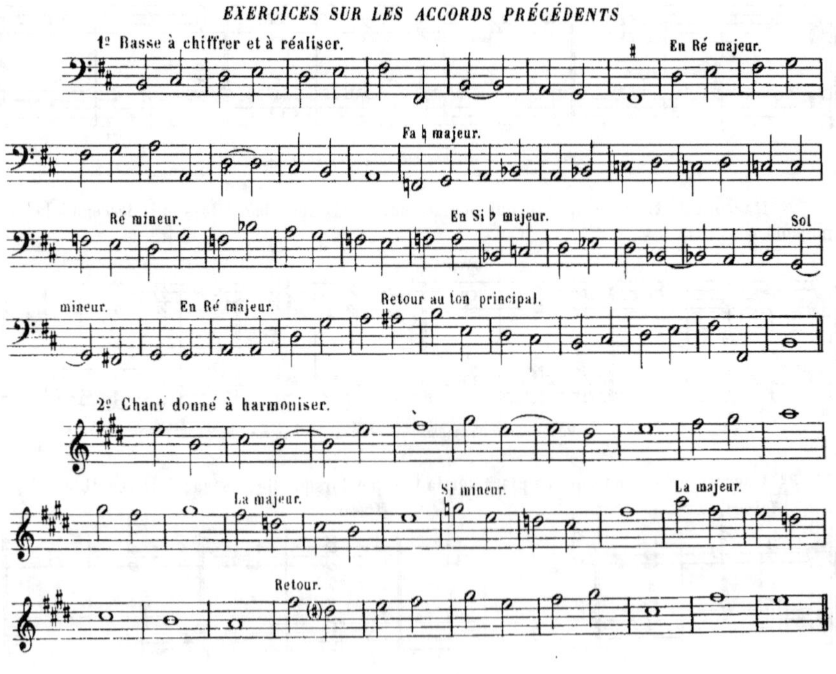

RETARDS DANS L'ACCORD DE 7e MINEURE DU SECOND DEGRÉ

On peut retarder, dans l'accord de septième du second degré, la tierce et l'octave de la basse qui, elle-même peut être retardée:

Retard de la Basse. | Retard de la Tierce. | Retard de l'Octave. | Double retard de la Basse et de la Tierce. | Double retard de la Tierce et de l'Octave.

Ce double retard, avec adjonction d'une quinte euphonique, donne à cinq parties un accord de onzième dont la résolution peut se faire soit sur l'accord de septième du second degré, soit sur l'accord de quinte et sixte sensible, soit sur l'accord de neuvième de dominante.

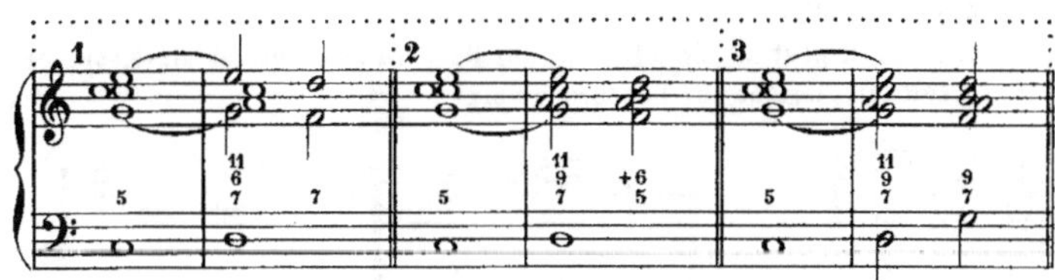

Les retards, dans les renversements de l'accord de septième mineure, donnent les combinaisons suivantes:

Il se produit ainsi de nouveaux accords de septième sur le quatrième et le sixième degré, accords que nous allons étudier séparément.

CHAPITRE VI

ACCORD DE 7me SUR LE QUATRIÈME DEGRÉ

Cet accord se compose du quatrième degré, note de basse, de sa tierce, de sa quinte et de sa septième, laquelle doit être préparée.

Il s'emploie sur le quatrième degré lorsqu'il reste en place, lorsqu'il monte à la dominante et lorsqu'il descend d'une quinte.

Dans le premier cas, il peut se résoudre soit sur l'accord de quinte et sixte, soit sur l'accord de triton et tierce, soit simplement sur l'accord de sixte.

Mêmes résolutions en mineur.

Dans le second cas, il peut se résoudre sur les accords de neuvième, de septième ou parfait de dominante et, passagèrement, sur l'accord de quarte et sixte.

Mêmes résolutions en mineur.

Enfin lorsque le quatrième degré va à la sensible, la résolution se fait sur l'accord de septième, sur celui de quinte diminuée et sixte ou, simplement, sur les accords consonants de sixte ou de quinte diminuée, selon les cas.

A. L. 13,881.

Si dans le mode mineur le septième degré n'est pas altéré et n'a pas, par conséquent, le caractère de la sensible, la résolution sur l'accord de sixte est à peu près obligatoire pour éviter toute confusion avec le majeur relatif.

RETARDS DANS L'ACCORD DE 7e DU QUATRIÈME DEGRÉ

Les deux seuls retards praticables dans l'accord de septième du quatrième degré sont celui de la basse :

qui se confond avec le troisième renversement de l'accord de septième du sixième degré ; et celui de l'octave de la basse, qui produit un accord de neuvième qui peut se résoudre ainsi :

RENVERSEMENTS DE L'ACCORD DE 7e DU QUATRIÈME DEGRÉ

L'accord de septième du quatrième degré a trois renversements dont voici les résolutions principales :

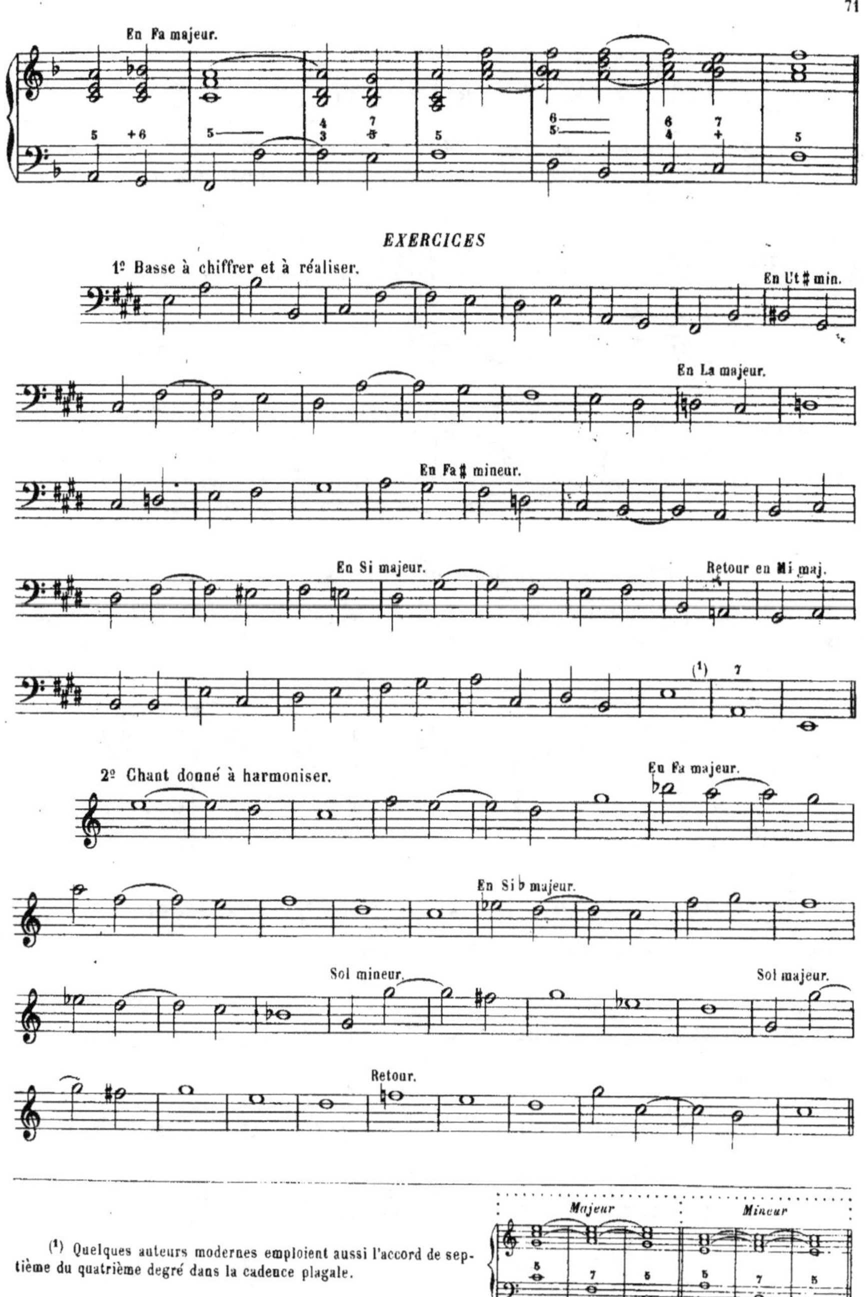

(1) Quelques auteurs modernes emploient aussi l'accord de septième du quatrième degré dans la cadence plagale.

Majeur — Mineur

CHAPITRE VII

ACCORD DE 7me SUR LE SIXIÈME DEGRÉ

Cet accord se compose du sixième degré, note de basse, de sa tierce, de sa quinte et de sa septième, qui doit être préparée. Il s'emploie lorsque le sixième degré reste en place, lorsqu'il monte d'un degré ou descend d'une quinte.

La septième, dans le cas suivant, n'est pas tenue de se résoudre : on peut la considérer comme faisant partie d'une *pédale* de dominante, artifice harmonique dont il sera parlé ultérieurement.

RETARDS DANS L'ACCORD DE 7e DU SIXIÈME DEGRÉ

Les notes susceptibles d'être retardées dans cet accord sont la basse, l'octave de la basse et la tierce.

Retard de la Basse. | Retard de l'octave de la Basse. | Retard de la Tierce. | Accouplements.

RENVERSEMENTS DE L'ACCORD DE 7e DU SIXIÈME DEGRÉ

L'accord de septième du sixième degré a trois renversements dont voici les principales résolutions :

1er Renversement.

2e Renversement.

L'altération ascendante du sixième degré de la gamme mineure n'empêche aucunement l'emploi de l'accord de septième sur ce degré, non plus que ses renversements.

EXERCICES SUR L'ACCORD DE 7e DU SIXIÈME DEGRÉ ET SES RENVERSEMENTS

CHAPITRE VIII

ACCORD DE 7me DU TROISIÈME DEGRÉ

Cet accord appartient surtout au mode majeur, en raison de la quinte augmentée qui peut exister en mineur, entre le troisième degré et la note sensible.

RETARDS DANS L'ACCORD DE 7e DU TROISIÈME DEGRÉ

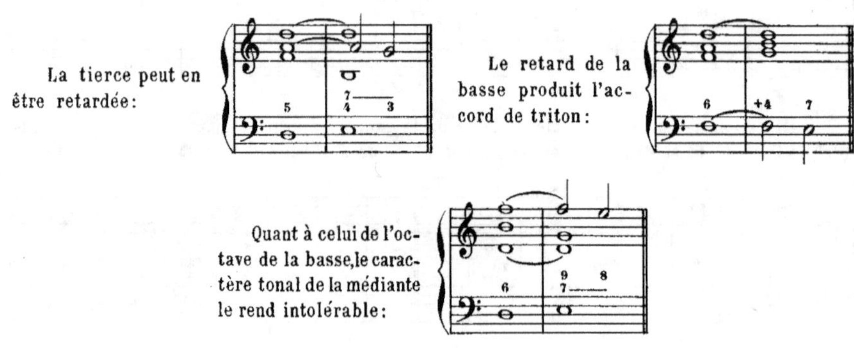

RENVERSEMENTS DE L'ACCORD DE 7e DU TROISIÈME DEGRÉ

L'accord a trois renversements dont voici les résolutions:

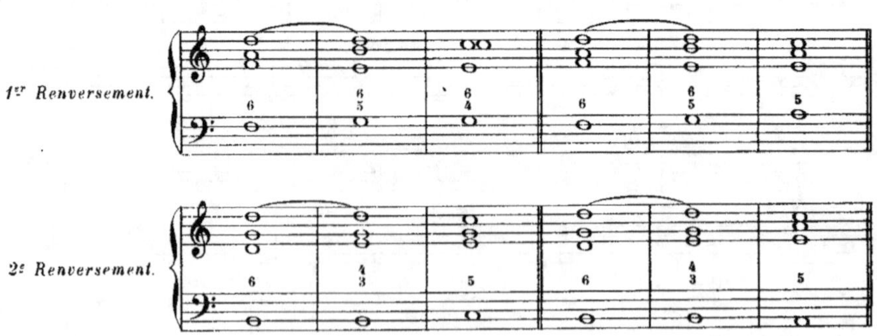

A. L. 13,881.

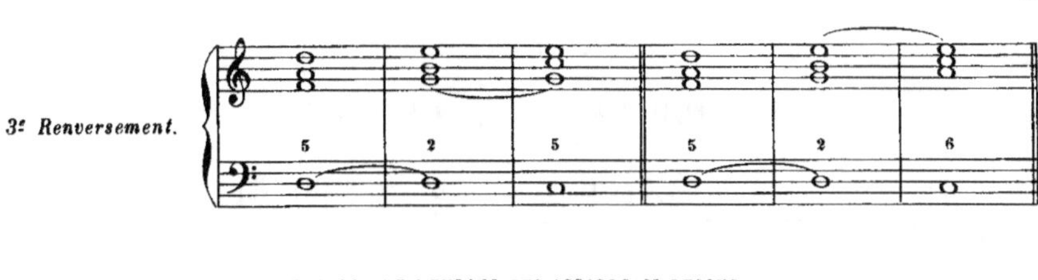

EXEMPLE DE L'EMPLOI DES ACCORDS CI-DESSUS

EXERCICES SUR LES ACCORDS PRÉCÉDENTS

A. L. 13,881.

CHAPITRE IX

ACCORD DE 7me DE TONIQUE

Considéré comme le résultat de la prolongation de la note sensible sur l'accord parfait de la tonique, cet accord appartient aux deux modes:

Mais considéré comme accord indépendant, ce n'est que dans le majeur que sa septième peut avoir une résolution logique.

Il s'emploie dans les trois cas suivants:

La basse reste en place. La basse va au 4e degré. La basse va au 2e degré.

RETARDS DANS L'ACCORD DE 7e DE TONIQUE

La tierce et l'octave de la basse peuvent être retardées soit ensemble, soit séparément.

RENVERSEMENTS DE L'ACCORD DE 7e DE TONIQUE

Voici les trois renversements de cet accord:

EXEMPLE DE L'EMPLOI DES ACCORDS CI-DESSUS

EXERCICES SUR L'ACCORD DE 7e DE TONIQUE ET SES RENVERSEMENTS

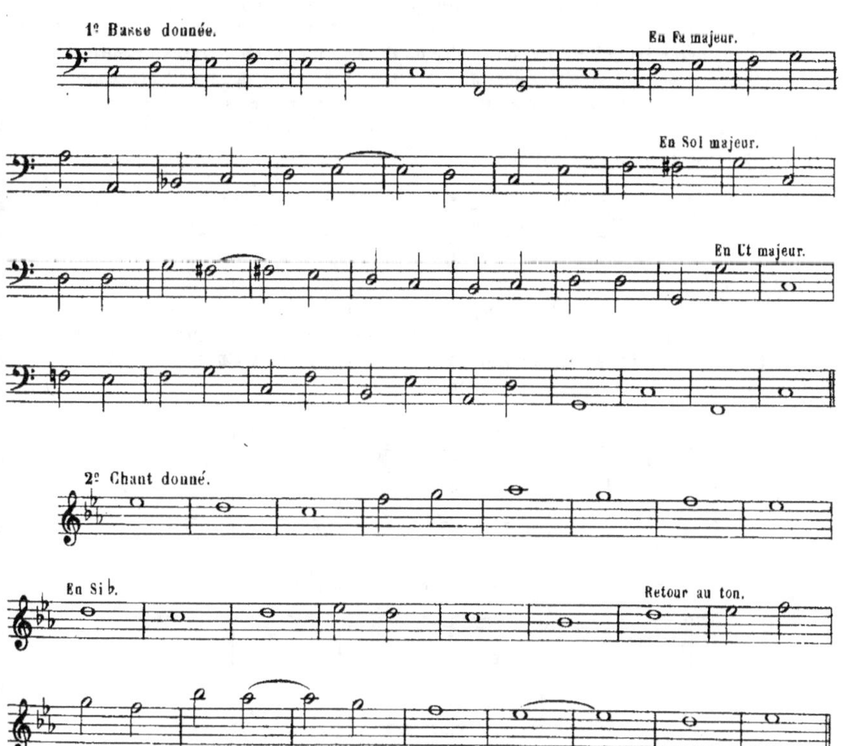

Ici se termine la nomenclature des accords consonants et dissonants n'exigeant pas plus de quatre ou cinq parties. Passé ce nombre, on peut avoir d'autres agrégations. Ainsi, par exemple, par l'adjonction d'une tierce et d'une quinte euphoniques au double retard de la quinte et de la tierce dans l'accord de septième du second degré, on obtiendrait, à six parties, un accord de treizième, auquel il ne manque qu'une neuvième pour renfermer toutes les notes de la gamme:

Mais les accords de ce genre ne peuvent être que d'un usage exceptionnel et les accords de quatre sons suffisent en général et dans presque tous les cas.

Si l'on en fait la récapitulation, on voit que toutes les notes de la gamme sont susceptibles de porter l'accord parfait (ou de quinte diminuée), de sixte, de quarte et sixte, de septième ou l'un des renversements de cet accord; il en résulte que toute note placée à une partie supérieure peut être seconde, tierce, quarte, quinte, sixte, septième, octave ou neuvième d'un accord à son état fondamental.

Comme nous l'avons dit, le choix de l'accord qui doit accompagner une note d'une partie supérieure dépend uniquement de la fonction tonale de cette note et de son mouvement. On a la latitude de considérer toute note qui descend d'un degré, sauf quelques rares exceptions, comme une dissonance; au contraire, une note qui fait tout autre mouvement doit être en consonance avec la basse. Toute note *mélodique* et par conséquent toute succession de ces notes, c'est-à-dire toute *mélodie* peut être accompagnée de bien des façons différentes. Prenons par exemple la mélodie élémentaire suivante.

Il est évident que les quatre premières notes, en raison de leur mouvement ascendant ne peuvent être que des consonances; la cinquième et la sixième, au contraire, peuvent être considérées comme des dissonances et tout spécialement la sixième qui, se prolongeant sur le temps fort de la pénultième mesure, a le caractère d'une préparation de dissonance. Nous pourrons donc harmoniser ainsi cette mélodie:

Nous pourrons même y introduire des modulations passagères:

Il faut observer que, au contraire des parties intérieures qui font peu de mouvements, la basse pratique les sauts d'octave, de quinte et de quarte et que la cadence parfaite sert généralement de conclusion à toute cantilène. Et c'est précisément pour cela qu'elle ne doit pas se faire entendre avant ni trop près de cette terminaison dont elle escompterait l'effet. Rien ne serait plus monotone et moins élégant que l'harmonisation suivante de notre mélodie:

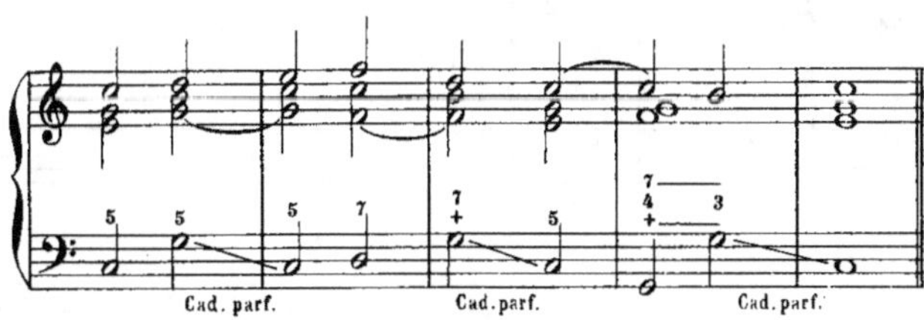

Cette observation s'applique non seulement aux cadences mais à tous les accords en général dont l'emploi doit être basé sur le même principe d'économie. De même que dans le discours littéraire les mêmes mots ne doivent pas revenir à chaque instant, de même, dans le discours musical, les mêmes accords ne doivent se faire entendre qu'après un espacement suffisant.

Le choix des harmonies dépend aussi du plus ou moins de lenteur ou de rapidité de son mouvement et aussi de son rythme. Si les notes s'y succèdent avec une certaine vitesse, on ne saurait, sans lourdeur, donner à chacune une harmonie spéciale. On doit donc, dans ce cas, distinguer les notes principales, comportant une harmonie particulière et nécessaire et les notes accessoires n'en comportant pas. Ces notes, étrangères à l'harmonie, se divisent en deux classes, les *notes de passage* et les *appogiatures*. Elles seront étudiées plus loin.

TROISIÈME SECTION

ALTÉRATIONS
ET AUTRES MODIFICATIONS DES ACCORDS

CHAPITRE I

ALTÉRATIONS

ALTÉRATIONS DANS LES ACCORDS CONSONANTS

Toute note qui, dans la succession de deux accords, monte ou descend d'un ton, peut être rapprochée de la note qui la suit par une altération montante ou descendante:

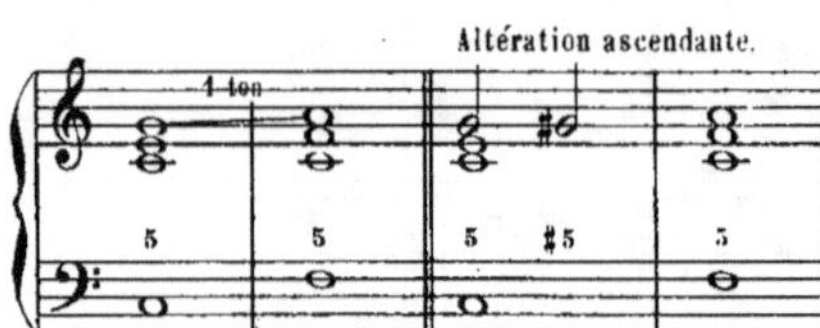

Altération descendante.

L'altération peut être attaquée *ex abrupto.*

Les notes altérées ne doivent pas être doublées, en raison de la dureté qui en résulterait. Il n'y a d'exception que pour la fondamentale de l'accord parfait, encore l'altération doit-elle être préparée.

Ex.

Cette altération peut aussi être placée à la basse, sous la même réserve.

On peut faire deux ou plusieurs altérations simultanées dans le même accord et la même note y peut être altérée de deux façons différentes.

Double altération de la quinte combinée avec celle descendante de la tierce: 1º Avec préparation; 2º Sans préparation.

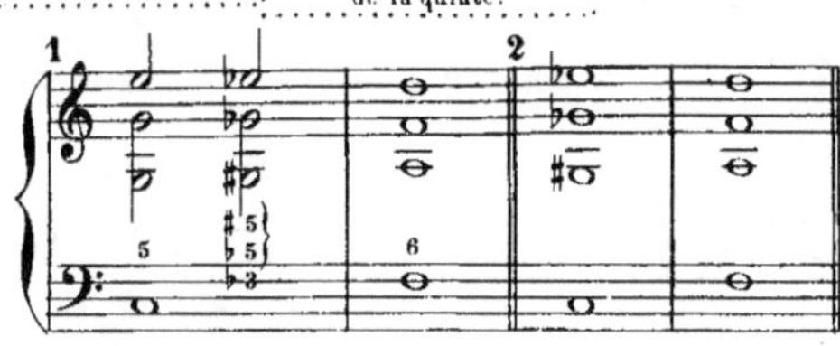

EXEMPLE D'ALTÉRATIONS DANS LES ACCORDS CONSONANTS

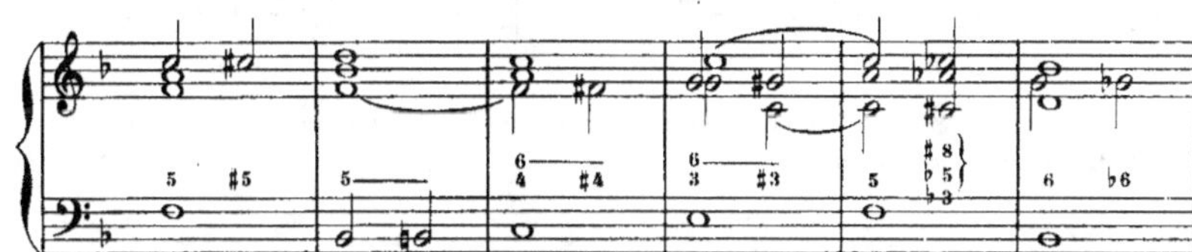

EXERCICES SUR LES ALTÉRATIONS DANS LES ACCORDS CONSONANTS

1º Basse à chiffrer et à réaliser.

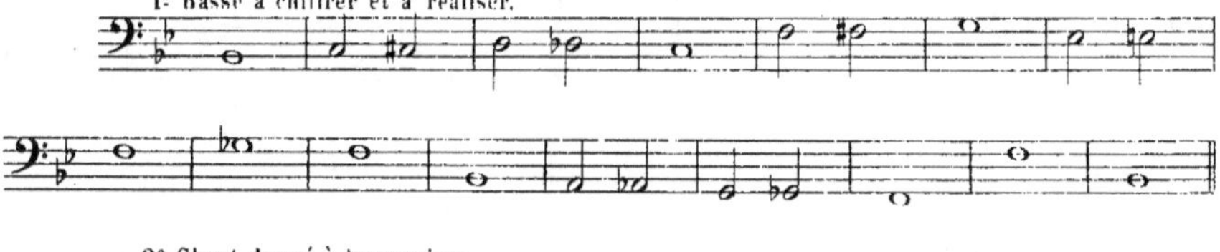

2º Chant donné à harmoniser.

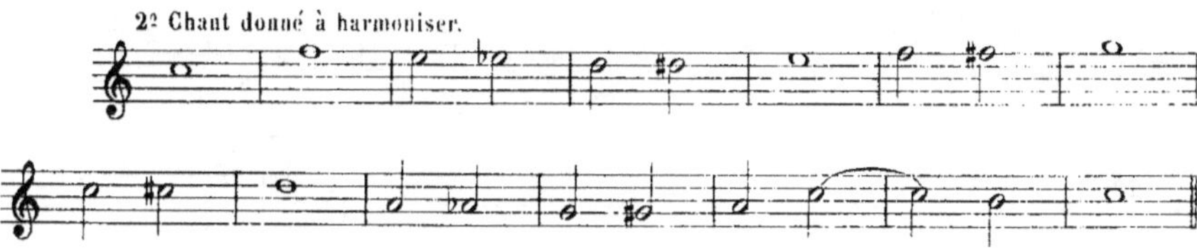

ALTÉRATIONS DANS L'ACCORD DE 7e DE DOMINANTE
et ses Renversements

Dans l'accord de septième de dominante et dans ses renversements, le second degré peut s'altérer d'une façon ascendante et descendante dans le mode majeur.

Dans le mode mineur, on peut avoir cette altération descendante du second degré et celle, descendante, de la septième.

Ces deux altérations peuvent se faire simultanément.

ALTÉRATIONS DANS LES ACCORDS DE 9e DE DOMINANTE
de 7e de Sensible et ses Renversements

L'altération ascendante du deuxième degré est aussi employée dans l'accord de neuvième de dominante du mode majeur, dans l'accord de septième de sensible et dans ses renversements:

à 5 parties.

Dans ces mêmes accords, le sixième degré peut être altéré d'une manière descendante. Ainsi s'explique l'emploi — en majeur — de l'accord de neuvième mineure de dominante, de l'accord de septième diminuée et de ses renversements.

Cette altération du sixième degré peut se combiner avec celle du second degré, soit montante, soit descendante.

à 5 parties.

à 5 parties.

Remarquez que l'altération descendante du second degré n'est pas possible dans le deuxième renversement, à moins d'une résolution anticipée du sixième degré:

ALTÉRATIONS DANS L'ACCORD DE 7e DIMINUÉE
et ses Renversements

L'altération descendante du second degré est possible dans le mode mineur aussi bien dans l'accord de neuvième de dominante que dans l'accord de septième diminuée et ses renversements, sauf le deuxième, si l'on prend la précaution de placer ce second degré à la quarte supérieure du sixième, afin d'éviter la succession de quintes.

à 5 parties.

Elle se combine très bien avec l'altération descendante du quatrième degré.

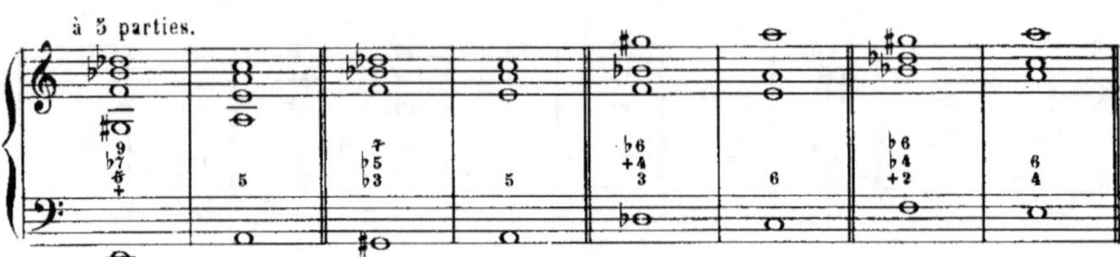

EXEMPLE D'ALTÉRATIONS DANS LES ACCORDS PRÉCÉDENTS

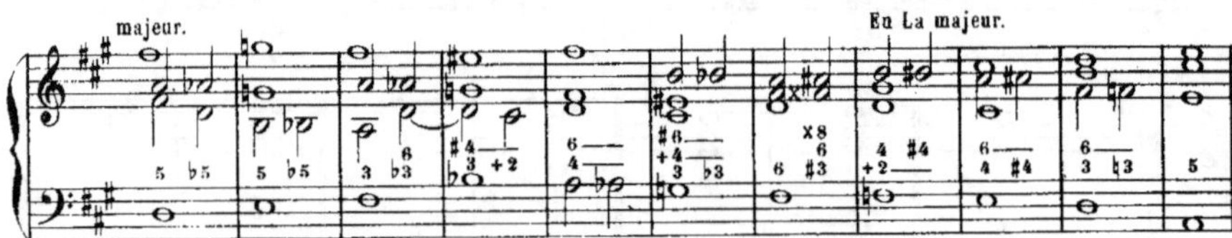

EXERCICES SUR LES MÊMES ALTÉRATIONS

1º Basse donnée à chiffrer et à harmoniser. La tonalité ne change pas.

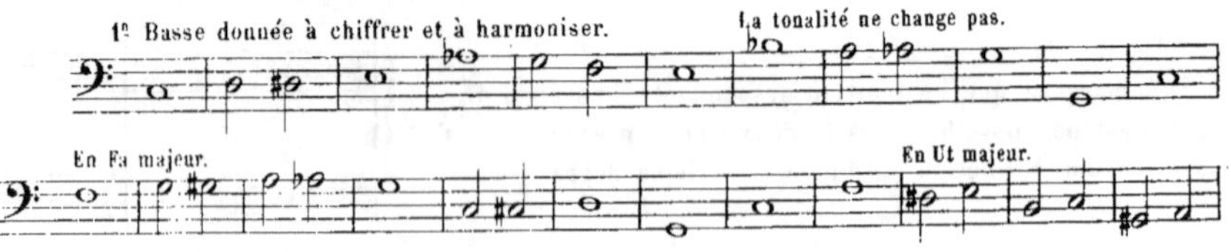

ALTÉRATIONS DANS L'ACCORD DE 7e MINEURE DU IIe DEGRÉ

et ses Renversements

Dans l'accord de septième mineure du second degré et ses renversements, on peut faire, selon les cas, une, deux ou trois altérations, ensemble ou séparément:

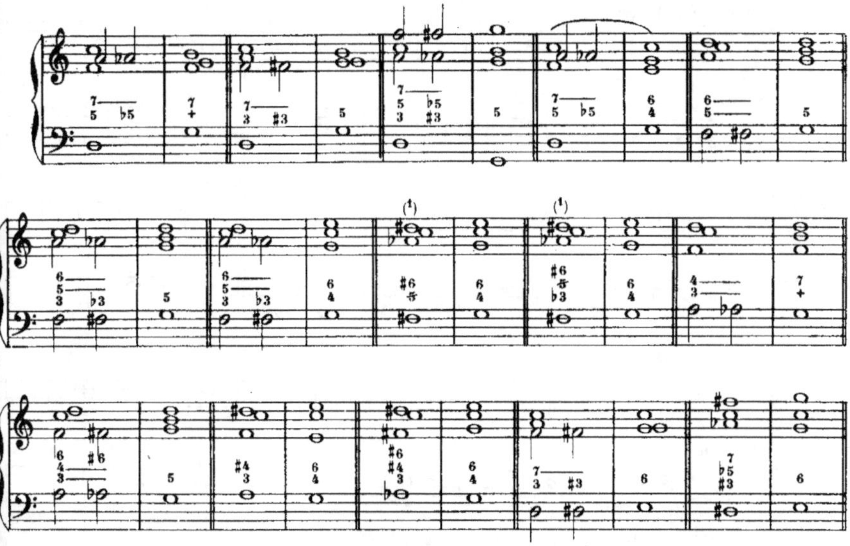

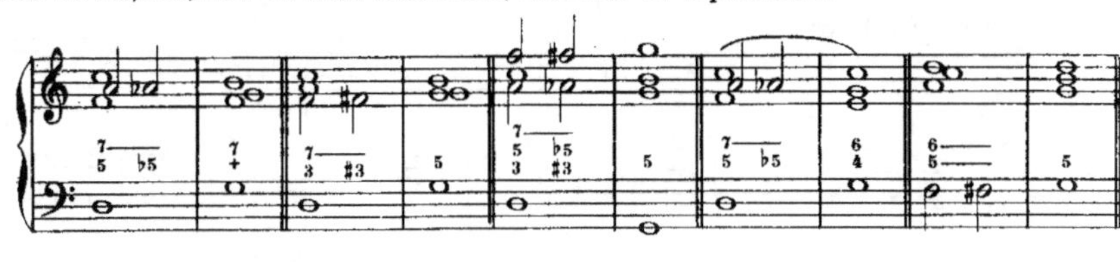

(1) On écrit quelquefois ces accords enharmoniquement:  mais il est évident que le *mi*♭ constitue ici une véritable faute d'orthographe, car il n'a pas la tendance ascendante du *ré* ♯.

Dans le mode mineur, ces altérations ne peuvent affecter que le quatrième et le sixième degré, le deuxième n'étant séparé de la médiante que par un demi-ton.

On y altère quelquefois par euphonie le sixième degré d'une manière ascendante, lorsque le quatrième degré est altéré lui-même dans le même sens.

EXERCICES SUR LES ALTÉRATIONS PRÉCÉDENTES

ALTÉRATIONS DANS LES AUTRES ACCORDS DE 7e

Dans l'accord de septième du 4me degré, la tierce, la quinte et la basse sont susceptibles d'altérations dans les deux modes; la septième peut aussi être altérée dans le mode majeur:

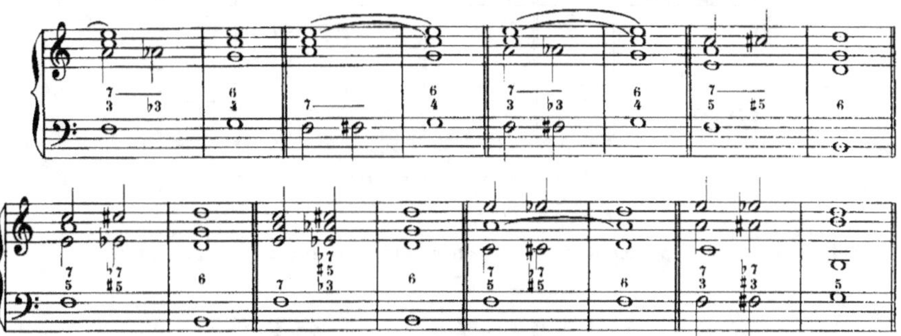

De même dans les renversements.

Mineur

Double altération (VIe degré altéré euphoniquement.)

Altération doublement ascendante du VIe degré.

De même dans les renversements.

L'accord de septième du sixième degré peut subir les altérations suivantes:

L'accord de septième du troisième degré, praticable surtout dans le mode majeur, comme nous l'avons vu, peut être altéré ainsi:

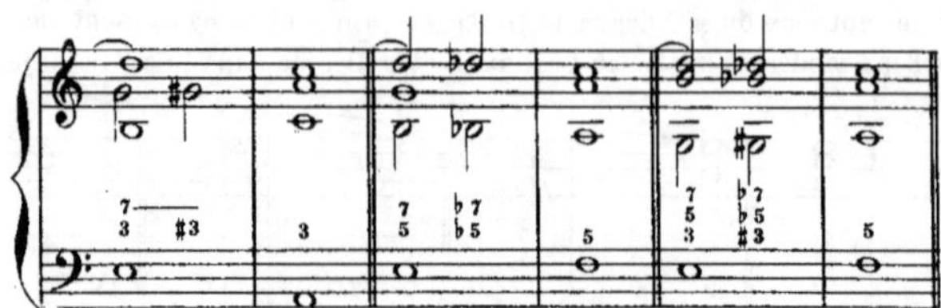

De même dans les renversements.

Enfin l'accord de septième de tonique peut recevoir les altérations suivantes:

EXEMPLE D'ALTÉRATIONS

EXERCICES SUR LES ALTÉRATIONS DANS LES ACCORDS CI-DESSUS

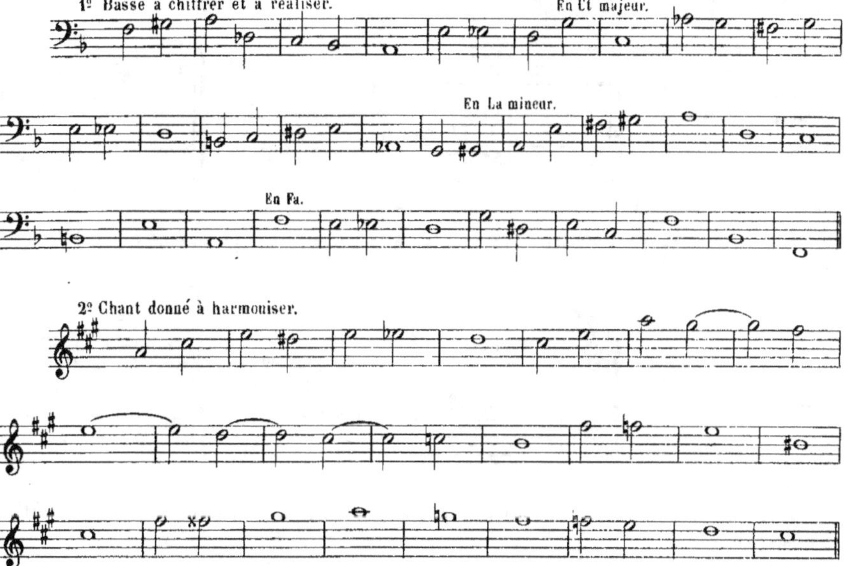

PROLONGATIONS DES ALTÉRATIONS

et Altérations des Prolongations

Les notes altérées d'un accord peuvent être prolongées.
Elles effectuent leur résolution dans le sens de l'altération.

Elles peuvent être simples, doubles, triples ou combinées avec d'autres prolongations de notes non altérées.

Les notes d'un accord qui sont prolongées sont susceptibles de recevoir une altération au moment même de la prolongation.

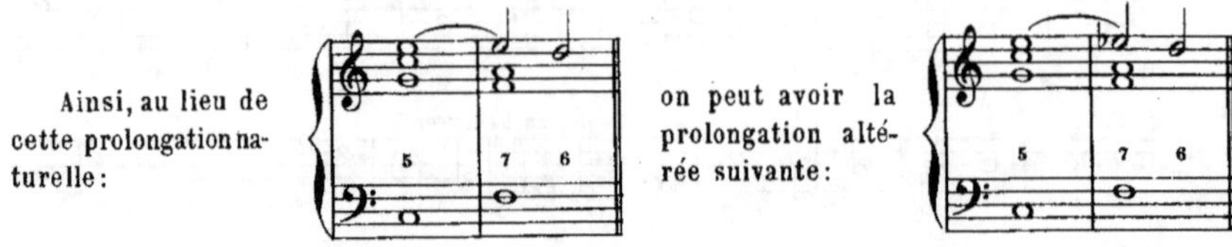

Ainsi, au lieu de cette prolongation naturelle : on peut avoir la prolongation altérée suivante :

Ces altérations peuvent être ascendantes et changer ainsi la marche normale de la note prolongée.

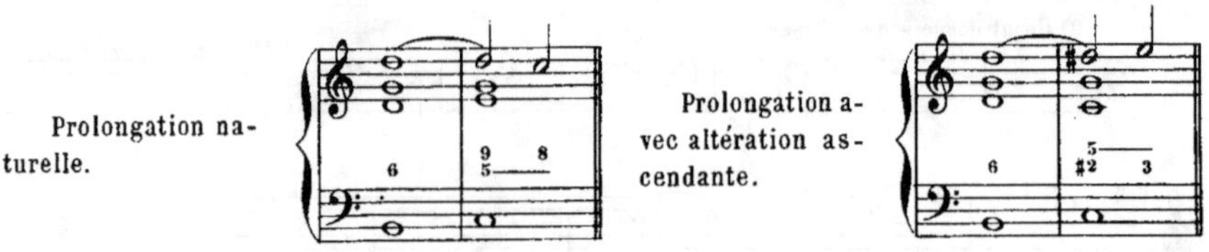

Prolongation naturelle. Prolongation avec altération ascendante.

Enfin ces altérations de prolongations peuvent se combiner entre elles et avec les prolongations naturelles.

EXEMPLE D'ALTÉRATIONS PROLONGÉES ET DE PROLONGATIONS

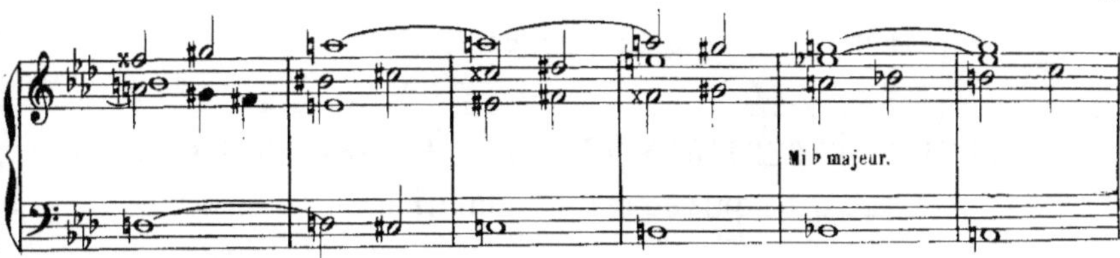

La complexité de ces accords en rend le chiffrage souvent difficile. On pourra se dispenser de ce chiffrage dans l'exercice suivant où les changements de tonalité ne sont pas indiqués.

EXERCICES SUR LES ALTÉRATIONS PROLONGÉES ET LES PROLONGATIONS

CHAPITRE II

RÉSOLUTIONS EXCEPTIONNELLES DES ACCORDS DISSONANTS
Equivoques — Modulation

Nous avons vu que toute dissonance devait se résoudre en descendant d'un degré et que la note sensible devait monter à la tonique pour obéir à la loi de tonalité. Mais il est évident que si la tonalité change, ces mouvements ne sont plus nécessaires. Nous avons déja constaté ce fait que la note sensible descendait chromatiquement dans les progressions des accords de septième et de neuvième de dominante et leurs renversements:

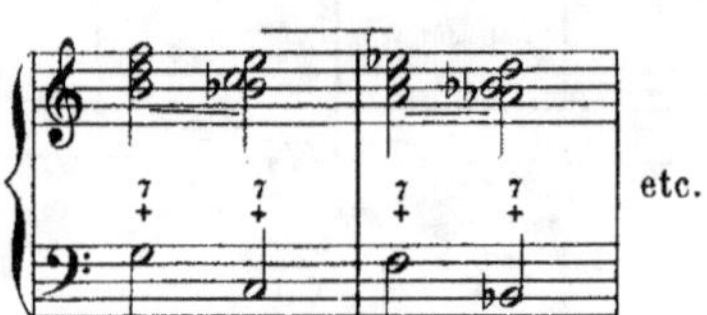

Nous avons vu les accords de septième diminuée s'enchaîner chromatiquement les uns aux autres, soit en montant, soit en descendant. Ces résolutions que les théoriciens ont appelé *exceptionnelles* peuvent avoir lieu dans tous les autres accords dissonants et amener des modulations dans des tons plus ou moins éloignés de celui auquel ces accords appartiennent. Elles proviennent presque toutes d'équivoques.

Il y a équivoque entre l'accord de septième de sensible et l'accord de septième du second degré du ton mineur relatif.

Majeur *Mineur relatif*

7 5 — 5 — 7 — 6

Cet accord commun aux deux modes et surtout la quinte diminuée commune suffiraient à prouver leur étroite parenté.

Toutes les fois qu'à la place d'une note on considère son synonyme enharmonique, la fonction tonale de cette note change et sa résolution se fait au rebours de sa résolution naturelle. Par exemple, si dans l'accord de septième de dominante nous considérons le *fa* comme un *mi* ♯, celui-ci aura une tendance à monter au *fa* ♯ et la tonalité de *si* (majeur ou mineur) se trouvera établie.

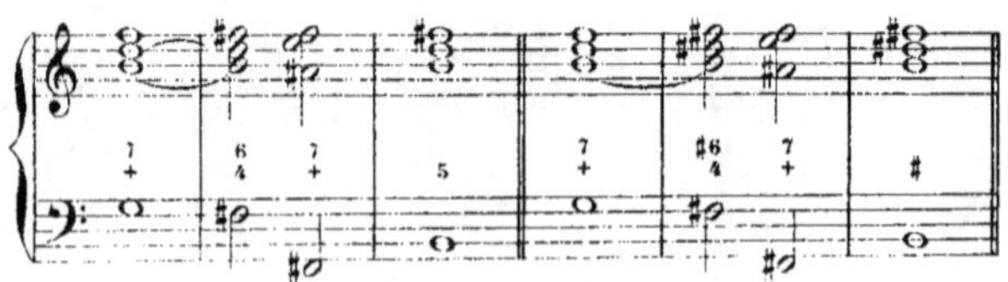

Il y a ici équivoque entre l'accord de septième de dominante du ton d'*ut* et l'accord de tierce et quarte altéré du ton de *si*♮.

AUTRES EXEMPLES DE RÉSOLUTIONS EXCEPTIONNELLES

Ton d'Ut. Modulation en Mi♭. *Ton d'Ut.* Modulation en Fa♯.

Ton d'Ut. Modulation en La. *Ton d'Ut.* Modulation en Mi♮.

L'altération des éléments constitutifs des accords ouvre un champ immense à l'équivoque et par conséquent à la modulation. Voici quelques exemples reposant sur la simple altération ascendante du deuxième degré dans les renversements de l'accord de septième de dominante:

Doivent être considérées comme des résolutions exceptionnelles, les progressions descendantes et ascendantes de l'accord de septième de dominante.

etc.

L'accord de septième mineure du second degré et ses altérations mettent en relation tous les tons de la gamme.

Il n'est pas besoin du reste, pour moduler en n'importe quel ton, d'accords dissonants; le simple accord parfait majeur ou mineur suffit, car chacune de ses notes peut être considérée comme un degré naturel ou altéré d'une tonalité quelconque :

En résumé, le mouvement chromatique, suffisant pour expliquer et légitimer toutes les résolutions anormales des accords dissonants, représente l'élément essentiel de la modulation moderne et sert de soudure à toutes les tonalités.

CHAPITRE III

PÉDALES

Originairement, la pédale était une tenue de la tonique ou de la dominante à la basse (au clavier de *pédales* de l'orgue) sur laquelle se déroulait le développement final d'une fugue, ou des harmonies dont cette pédale devait faire partie.

KRIEGER
Conclusion d'une fugue d'orgue.

Plus tard, la pédale se plaça aussi à la partie supérieure ou à une partie intermédiaire et l'on toléra qu'elle pût être, de temps à autre, étrangère à l'harmonie et même, pendant sa durée, de passagères modulations à condition que, au commencement, à la fin et par intermittences assez rapprochées la pédale rentrât dans la contexture harmonique et que le ton principal ne pût être oublié.

EXEMPLE D'UNE PÉDALE INTÉRIEURE DE DOMINANTE

EXEMPLE D'UNE PÉDALE SUPÉRIEURE DE TONIQUE

EXEMPLE DE MODULATIONS PASSAGÈRES SUR LA PÉDALE

La pédale peut être *double* (tonique et dominante) comme dans l'exemple suivant:

Elle peut être *redoublée:*

Il n'est pas besoin de faire remarquer que lorsque la pédale est à la basse, c'est la partie qui lui est immédiatement supérieure qui devient la véritable basse et qui doit être chiffrée.

Généralement la pédale ne s'emploie que sur la tonique et sur la dominante, en raison de leur puissance tonale. Il existe pourtant quelques exemples de pédales sur d'autres degrés de la gamme.

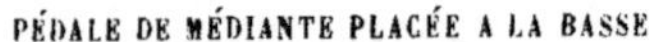

PÉDALE DE MÉDIANTE PLACÉE A LA BASSE

R. SCHUMANN.— *Le Paradis et la Péri.*

Pédale de sous-dominante placée également à la basse et précédant une conclusion plagaie:

PÉDALES NON PRÉPARÉES

De même qu'on attaque souvent des septièmes sans préparation, on emploie quelquefois des notes de pédale sans qu'elles aient été entendues à l'état de consonances.

L'accord de septième de dominante et celui de neuvième de dominante *sur-tonique* dont parlent certains théoriciens, ne sont autre chose que des accords de septième et de neuvième sur une pédale de tonique non préparée:

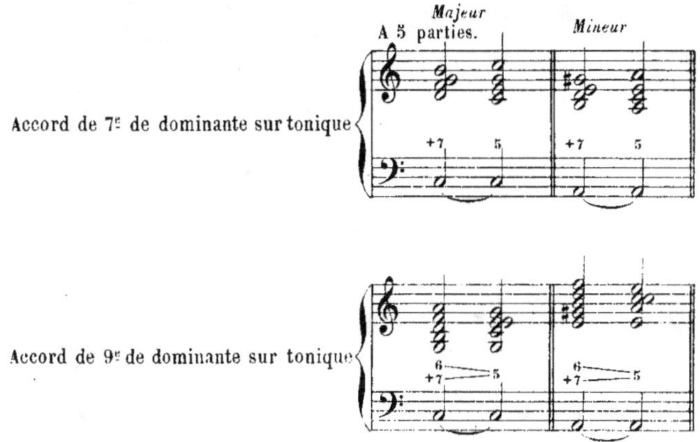

A quatre parties, on supprime la quinte de l'accord de septième et la quinte et la septième de l'accord de neuvième.

Pour éviter la résolution un peu anormale de la note sensible dans ce dernier accord, il vaut mieux employer l'accord de septième de sensible ou celui de septième diminuée sur tonique dont on supprime la tierce :

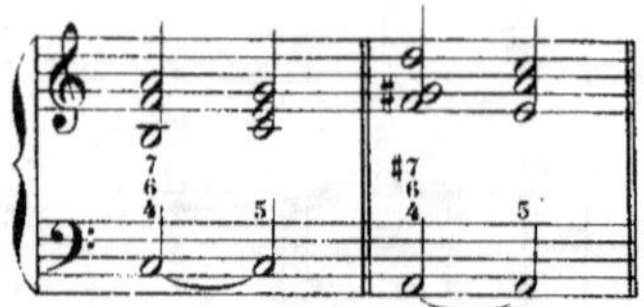

La pédale de dominante accompagne souvent, nous l'avons vu, l'accord de septième de sensible, de septième diminuée et leurs renversements et leur donne l'apparence, lorsqu'elle est intérieure, de renversements de la neuvième de dominante :

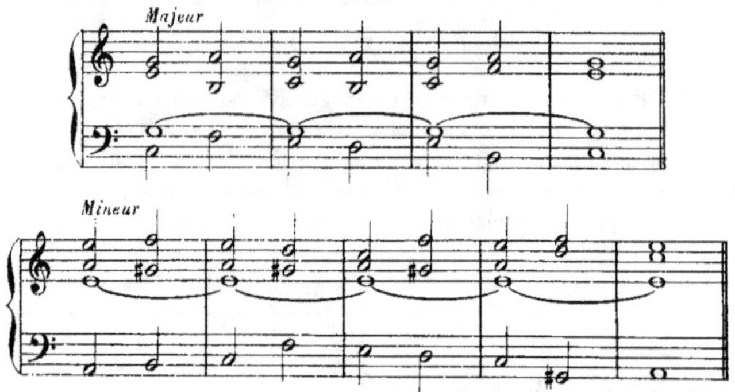

La pédale bénéficie, comme toutes les dissonances, des *résolutions exceptionnelles* amenées par un mouvement chromatique. Ainsi se légitime la marche ascendante de la tenue de clarinette dans l'andante de la symphonie en *ut* mineur de Beethoven qu'on a si longtemps considérée comme fautive.

Employée à l'état fragmentaire, la pédale joue un grand rôle dans l'harmonie moderne. Par elle seule peuvent s'expliquer certaines agrégations qui échappent de prime abord à l'analyse.

QUATRIÈME SECTION

NOTES ÉTRANGÈRES A L'HARMONIE

HARMONISATION DE LA MÉLODIE

NOTES DE PASSAGE — APPOGIATURES — BRODERIES
Variations — Anticipations, etc.

Nous avons vu que pour harmoniser une mélodie, il fallait trouver pour chacune de ses notes un accord dont elle pût logiquement faire partie et que l'enchaînement de ces différents accords fût conforme au sens tonal, en d'autres termes, que la basse de ces accords fût conforme à la *Règle d'octave* que nous avons exposée au début de ce livre, règle qui s'est enrichie de toutes les harmonies que nous avons étudiées depuis.

Mais nous avons dit aussi que l'accompagnement de toutes les notes d'une mélodie par un accord spécial donnerait une sensation de lourdeur et une monotonie de rythme qui deviendraient bientôt intolérables.

Il faut donc distinguer, dans une mélodie, les notes qui comportent une harmonie particulière, c'est-à-dire les *notes principales*, et celles qui n'en comportent pas, c'est-à-dire les *notes accessoires*.

Celles-ci peuvent être divisées en deux grandes catégories: les *notes de passage* et les *appogiatures*.

CHAPITRE I

NOTES DE PASSAGE

Comme leur nom l'indique, les notes de passage servent à passer d'une note principale à une autre note principale.

EXEMPLE

les notes de passage sont marquées d'une ×

Autre exemple comportant des changements d'accords:

Les notes de passage ne s'emploient que par mouvement conjoint et sont presque toujours placées sur les temps faibles ou sur la partie faible des temps.

Exemple de deux notes de passage consécutives dont l'une se trouve sur une partie forte du temps:

On peut faire deux ou plusieurs notes de passage à la fois, à la condition qu'elles se trouvent entre elles en relation de tierce ou de sixte par mouvement semblable; elles peuvent être en relation d'octave, d'unisson, de quinte ou de quarte, par mouvement contraire.

EXEMPLES

EXEMPLE CONTENANT LES COMBINAISONS PRÉCÉDENTES

On peut passer d'une note principale à une autre note principale par mouvement chromatique. On obtient ainsi des notes de passage chromatiques:

Même exemple avec adjonction de notes de passage diatoniques:

CHAPITRE II

APPOGIATURES

Les *appogiatures*, au contraire des notes de passage, sont placées sur les temps forts ou sur la partie forte des temps.

Elles ressemblent, on le voit, à des prolongations sans préparation, mais leur origine et leur nom même (*appogiare*, appuyer) montrent qu'elles sont essentiellement mélodiques et expressives. Autrefois, on les écrivait en petites notes et l'on connaît la convention qui leur donnait la moitié de la valeur de la note principale lorsque celle-ci était simple et les deux tiers de cette valeur lorsque la note principale était pointée.

L'appogiature inférieure doit toujours être à un demi-ton de la note principale:

Il y a peu d'exceptions à cette règle purement euphonique. Par euphonie aussi l'on évite de doubler, autant que possible les notes précédées d'une appogiature.

On peut faire plusieurs appogiatures à la fois, surtout lorsqu'elles sont en rapport de tierces ou de sixtes; dans certains cas, elles affectent la forme d'un véritable accord.

Même exemple avec adjonction de notes de passage à la basse:

A. L. 13,881

L'appogiature se trouve parfois sur les temps faibles ou sur les parties faibles des temps:

Les appogiatures peuvent se combiner avec les notes de passage. On en verra un exemple à la cinquième mesure du choral suivant de J. S. Bach. Au 2e temps, le *ré* de la 3e partie est une note de passage reliant l'*ut* du premier temps au *mi* du 3e temps; le *fa* de la basse est l'appogiature du *mi*, note réelle du second temps.

Enfin, une appogiature peut elle-même être greffée d'une autre appogiature, comme dans l'exemple suivant, ou la note *si* est l'appogiature de la note *la*, appogiature elle-même de *sol*, note principale.

L'appogiature peut avoir une durée plus petite, égale ou plus longue que celle de la note principale. La note de passage ne peut avoir qu'une durée plus courte ou égale à cette note principale, mais elle est libre dans son rythme. Ainsi, on peut écrire indifféremment.

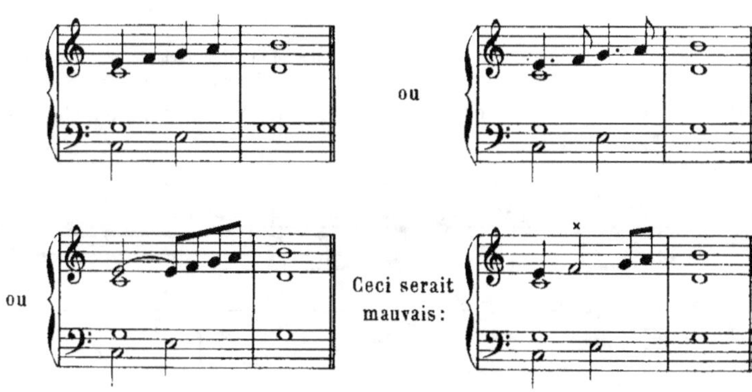

Exemple d'appogiature égale à la note principale:

SCHUMANN.— *Chant de Printemps.*

Exemple d'appogiature plus longue que la note principale:

MOZART.— *La Flûte enchantée.*

Exemple d'appogiature plus courte que la note principale:

SCHUMANN.— *Album pour la Jeunesse.*

Remarquez aussi, dans ce dernier exemple, au quatrième temps de la 2e mesure, l'appogiature inférieure de la sensible qui est à la distance d'un ton de la note principale.

Quelquefois, mais rarement, l'appogiature suit la note principale, soit sur un temps faible ou une partie faible de temps, soit sur un temps fort ou sur une partie forte de temps:

(Dans ce dernier exemple, le *si* du 3e temps est l'appogiature arpégée de *la*.)

L'important est donc, dans un chant donné, de discerner les notes principales des notes de passage et des appogiatures.

La mélodie suivante:

débarrassée des notes de passage et des appogiatures, se réduit à celle-ci:

Cette nouvelle mélodie est comme l'ossature de la première. Elle ne contient que les notes principales, et les harmonies qu'elle comporte s'appliqueront également à la mélodie primitive:

L'opération de la simplification d'une mélodie donne la clef de la *variation* mélodique et rythmique. On voit en effet qu'un chant, réduit à sa plus simple expression, peut recevoir beaucoup d'ornements différant de forme et de rythme. Ainsi, pour nous en tenir aux trois premières mesures, nous pourrions varier ainsi la mélodie ci-dessus sans que l'harmonie eût à être modifiée.

Il sera bon pour l'élève de s'habituer à orner ainsi des mélodies élémentaires. En voici deux qu'il pourra harmoniser et traiter en forme de variations:

La qualité de note principale n'est pas absolument inhérente à certaines notes de la mélodie. Le compositeur est souvent libre de les considérer comme notes accessoires et, réciproquement, les notes accessoires peuvent être prises par lui comme notes principales. Selon ce choix, non seulement l'harmonie accompagnante variera, mais la valeur expressive de la mélodie tout entière sera modifiée.

Par exemple, si à la deuxième mesure du chant que nous avons harmonisé plus haut, nous considérons le *fa* du 1er temps, non comme une note principale, mais comme l'appogiature de *mi*, nous aurons l'harmonie suivante tout à fait différente de l'harmonie primitive.

Cette faculté d'interprétation des notes constitutives de la mélodie jointe à celle qu'ont toutes les notes qu'on considère comme principales de recevoir plusieurs accords différents permet la *variation harmonique,* parallèle à la variation mélodique et rythmique dont nous avons parlé.

Pour se familiariser avec la variation harmonique, l'élève devra s'exercer à harmoniser de plusieurs façons différentes les mélodies suivantes, en en considérant certaines notes tantôt comme principales, tantôt comme accessoires :

CHAPITRE III

BRODERIES et ÉCHAPPÉES

Les notes de passage et les appogiatures ne sont pas, dans la mélodie, les seuls éléments indépendants de l'harmonie accompagnante. Il faut y ajouter les *broderies*, les *échappées* et les *anticipations*.

Les broderies sont des notes accolées à des notes principales et qui en varient l'aspect selon qu'elles sont supérieures, inférieures, diatoniques ou chromatiques :

Elles peuvent être simples, comme les précédentes, ou composées, c'est-à-dire à la fois supérieures et inférieures.

Dans ce dernier cas, la broderie prend le nom de *gruppetto*.

J. S. BACH.

Les broderies s'emploient très souvent comme variantes des retards :

Quelquefois la dernière note de la broderie s'élide :

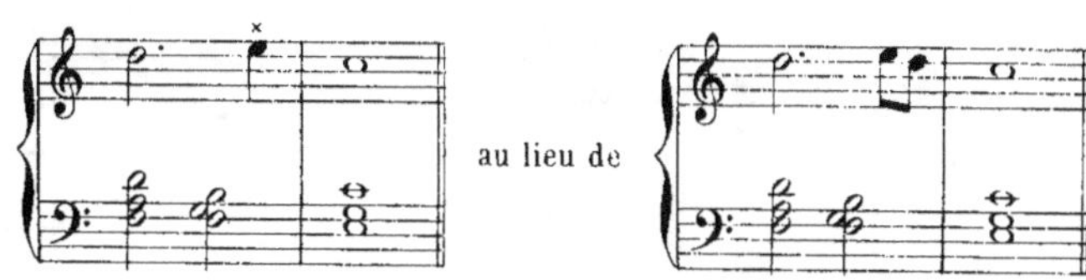

A. L. 13,881.

Cette forme de broderie se nomme *échappée*. Elle peut être supérieure, comme ci-dessus, ou inférieure :

On trouve souvent l'exemple — dans l'emploi des ornements — d'une note de l'harmonie entendue simultanément à l'état altéré par une partie mélodique :

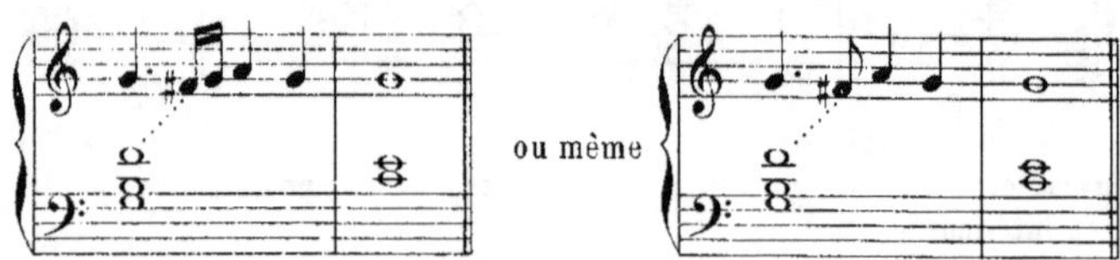

Cette rencontre de deux notes homonymes affectées d'un accident différent a lieu fréquemment lorsqu'une pédale se trouve brodée ou ornée; elle passe toujours inaperçue :

BEETHOVEN. — *Scherzo de la 7e Symphonie.*

Les broderies, échappées et autres ornements, peuvent se combiner de toutes façons, par mouvement semblable ou contraire, dans les mêmes conditions euphoniques que les notes de passage et appogiatures. A ce point de vue la fugue pour orgue en *sol* mineur de Bach est à étudier en entier.

CHAPITRE IV

ANTICIPATIONS

L'*anticipation,* comme son nom l'indique, est l'intonation prématurée d'une note principale. Elle a toujous lieu sur un temps faible ou sur une partie faible de temps; sa valeur est courte et toujours inférieure ou au plus égale à celle de la note principale.

L'anticipation peut être double, triple, tout un accord même peut être attaqué par anticipation:

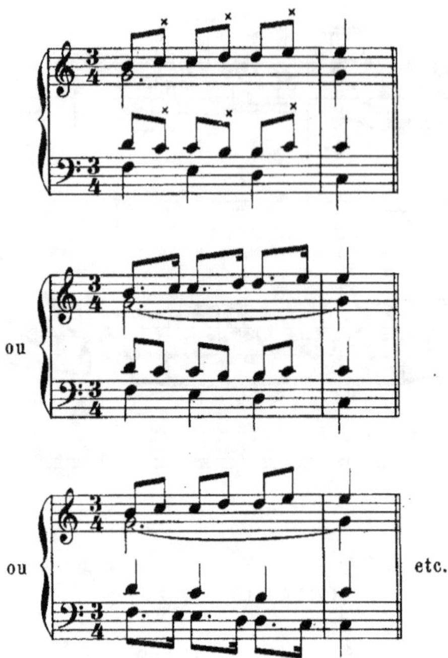

L'anticipation, on le voit, a un caractère essentiellement mélodique et rythmique. Elle affecte quelquefois la forme d'arpège et peut ainsi faire entendre une partie ou toutes les notes de l'accord qui la suit et constitue ainsi une véritable *anacrouse* [1]

Il est indispensable, dans ce cas, d'interrompre l'accompagnement pendant la durée de l'anticipation.

---

[1] On appelle *anacrouse* une note ou l'ensemble de quelques notes précédant le premier temps fort d'une mélodie, lui servant de préambule ou lui donnant une sorte d'élan:

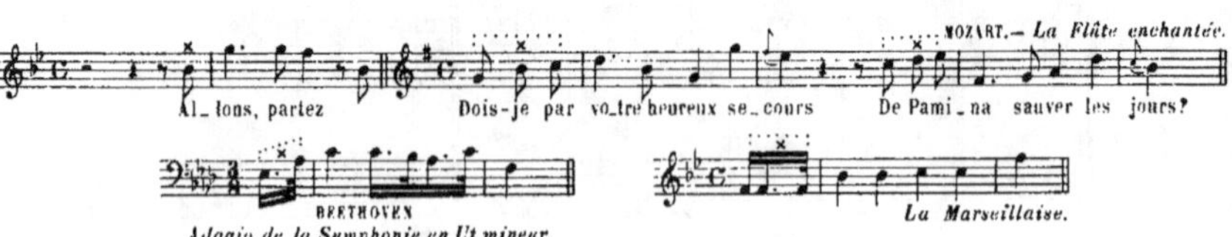

MOZART.— *La Flûte enchantée.*

BEETHOVEN *Adagio de la Symphonie en Ut mineur.*

La Marseillaise.

EXERCICES

Chants et Basses donnés à harmoniser à quatre parties

CHAPITRE V

ANALYSE et HARMONISATION de la MÉLODIE

L'élève devra maintenant s'exercer à l'analyse des œuvres classiques. Il les analysera tant au point de vue de la structure mélodique, en en dégageant les notes principales des notes accessoires, qu'à celui de l'harmonie, en se rendant compte de l'enchaînement des accords et de la marche des parties. Celle-ci, dans la musique de piano (ou dans la réduction au piano des œuvres orchestrales) n'est pas toujours aisée à saisir, en raison des formes spéciales que l'instrument réclame au point de vue de la sonorité. Mais avec un peu d'attention; on la discerne sans trop de peine. Ces formes ont du reste changé avec les époques et avec les perfectionnements successifs de l'instrument. A la polyphonie constante de Bach ont succédé les batteries et formes d'arpèges de l'époque de Mozart et de Beethoven, puis la syncope a fait son apparition avec Mendelssohn et Schumann.

Voici quelques exemples tirés des œuvres de ces maitres dont la traduction suffira à guider l'élève.

Un excellent travail aussi est celui qui consiste à prendre dans les maîtres des phrases mélodiques, à les harmoniser et à comparer ensuite le résultat de ce travail avec la réalisation des auteurs.

Quand l'élève abordera l'analyse des œuvres modernes, il trouvera dans l'emploi de longues appogiatures, dans celui de la pédale à l'état fragmentaire, dans l'élision de notes, principales ou accessoires, l'explication de certaines harmonies, de même qu'il remarquera aussi souvent la non résolution de dissonances mélodiques qui paraissent comme abandonnées et qui le sont en effet. Ces licences, presque toujours justifiées par des raisons d'esthétique, ne doivent être, comme toutes les licences, que des exceptions qui ne font que confirmer la règle.

Parmi les élisions, il faut signaler celle du second degré dans les accords de septième et de neuvième de dominante, de septième de sensible, de septième diminuée et dans les renversements de ces accods, où ce second degré se trouve remplacé par son appogiature supérieure, c'est-à-dire par le troisième degré.

Ainsi l'on écrit:

La substitution de la médiante au deuxième degré se fait aussi lorsque ce deuxième degré se résout sur la médiante; il en résulte que la médiante se résout sur elle-même, c'est-à-dire reste en place.

Schumann a été l'un des premiers, si ce n'est le premier, à faire usage de cette substitution.

AUTRE EXEMPLE D'ÉLISION

Outre l'incertitude que ces harmonies jettent sur le caractère de la tonalité, on peut voir, au quatrième temps de la seconde mesure, le dessin mélodique *mi, do* qui semble ne pas appartenir à l'accord sur lequel il repose. Il y a évidemment ici élision de la note principale *ré*, qui aurait détruit le rythme périodique si important du quatrième temps de la phrase musicale qui se serait ainsi déformée:

EXEMPLES DE LONGUES APPOGIATURES FORMANT ACCORD

NEUVIÈME ET SEPTIÈME N'AYANT QU'UNE RÉSOLUTION SOUS ENTENDUE

Il est je crois inutile de faire remarquer que ces subtilités sont du domaine purement mélodique.

A ces licences, il faut ajouter les suivantes:

Des successions de septièmes sont très acceptables et même très musicales lorsqu'elles ont lieu entre deux notes de nature différente, l'une principale, l'autre accessoire ou lorsqu'elles ont un sens différent:

Remarquez que  de la 3e partie n'est qu'un *fa* orné.

Quelquefois une septième de dominante se résout en montant dans la partie mélodique et en même temps se produisent des quintes consécutives entre cette partie mélodique et celle qui fait entendre la note sensible.

La fausse relation d'octave se pratique sans inconvénient lorsqu'elle amène le relatif mineur d'un ton majeur:

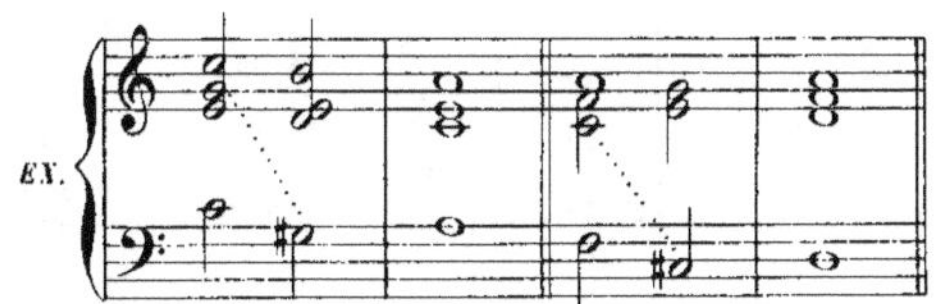

Lorsqu'il y a modulation d'un ton majeur au ton situé à la quinte inférieure:

Ou encore lorsqu'elle est produite par un accord de septième diminuée qui fait, on l'a déja remarqué, profiter toutes les successions harmoniques de son incertitude tonale:

Une dernière observation reste à faire quant à l'harmonisation de la mélodie; elle est relative à son mouvement. Plus celui-ci est rapide et moins les harmonies accompagnantes doivent être nombreuses; plus il est lent et plus on peut les multiplier. Un choral large et majestueux peut avoir toutes ses notes accompagnées par un accord spécial, un scherzo serait insupportable harmonisé de la sorte. En résumé : *la quantité d'harmonies que comporte un chant est en raison inverse de la rapidité de son mouvement et de son rythme.*

EXEMPLE D'UNE MÉLODIE

prise et Harmonisée dans deux Caractères et Mouvements différents.

Cette règle est d'une application générale, mais on y peut déroger dans le but de produire un effet spécial.

CHAPITRE VI

DU STYLE POLYPHONIQUE ET DE L'IMITATION

L'emploi des notes de passage, des appogiatures, des broderies et autres ornements dans toutes les parties de l'harmonie permet de leur donner un aspect mélodique et conduit au style polyphonique (ou mieux, polymélodique) où l'intérêt n'est pas concentré dans une seule partie, mais est réparti avec discernement dans toutes.

Soit le fragment mélodique suivant :

Harmonisé simplement avec des accords plaqués, il donne :

Mais si l'on agrémente les différentes parties — que nous avons écrites sur quatre lignes afin de les mieux isoler les unes des autres — par les artifices mélodiques que nous avons étudiés, on peut avoir la réalisation suivante où l'on voit que toutes ces parties ont un intérêt et un caractère différents :

En réalité, nous avons ici quatre chants qui s'harmonisent entre eux. La suite de cette étude n'aura pas d'autre but que celui d'exercer l'élève à cette écriture polyphonique.

Le *Contrepoint*, partant d'un autre principe que l'*harmonie* aboutit au même résultat. Ici se fait donc la fusion de ces deux sciences dont le but est le libre maniement des éléments sonores. La seule différence qui subsiste est que le contrepoint n'emploie que certaines harmonies consonantes avec leurs prolongations, qu'il n'autorise que certains mouvements mélodiques assez restreints et jamais l'appogiature.

On conçoit dès maintenant que l'intérêt mélodique et musical ne réside pas toujours à la première partie, mais qu'il peut alternativement se trouver dans chacune d'elles, au gré du compositeur. Pour l'élève qui n'a, pour le moment, qu'à réaliser soit une basse, soit un chant donné le principal est de se servir de ces ressources avec ménagement, de façon à ne pas faire passer l'accessoire au premier plan et l'idée essentielle au second. Il devra les réserver spécialement pour les moments ou une suspension du rythme de celle-ci permet d'en mettre ailleurs.

EXEMPLE

On voit que le mouvement a été placé dans les parties intermédiaires à la 2e et à la 4e mesures, alors que le chant n'en fait aucun.

C'est en s'inspirant de ce principe d'équilibre que l'élève traitera les chants suivants placés alternativement à toutes les parties de l'harmonie.

Il se peut qu'en réalisant ces exercices l'élève embarrassé, surtout lorsque le chant se trouve placé aux parties inférieures, par suite de la trop grande proximité de ces parties entre elles. Il ne faut pas craindre alors de faire croiser les voix. En général, tous les croisements sont bons, même entre le ténor et la basse, à condition qu'ils n'amènent pas de mauvais frottements et qu'ils ne soient que passagers.

Il est admis aussi de faire taire une partie, pourvu que sa rentrée se fasse d'une façon intéressante, par une figure mélodique et non par une simple tenue.

EXEMPLE

Rappelons l'étendue des quatre voix à employer pour ces réalisations :

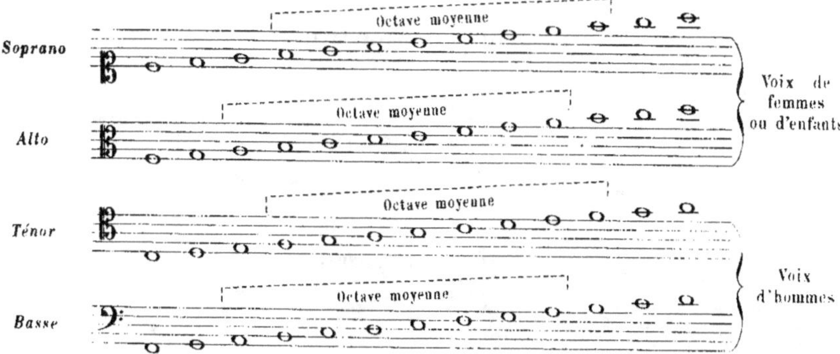

Soit deux séries semblables, à l'octave l'une de l'autre, où les sons sortant de l'octave moyenne doivent être d'un usage restreint.

Le développement musical s'obtient surtout par l'*imitation* c'est-à-dire par la reproduction d'une phrase ou d'un membre de phrase par une autre partie ou par d'autres parties que celle qui a énoncé cette phrase. Ce procédé est très ancien. On le trouve déja chez les premiers maîtres flamands du XIVe siècle et l'on peut dire qu'il a servi de base à la musique polyphonique.

L'imitation peut être rigoureuse ou libre, c'est-à-dire se conformer strictement au modèle ou s'en écarter par quelques changements dans le rythme ou dans le dessin mélodique.

EXEMPLE D'UNE IMITATION RIGOUREUSE

EXEMPLE D'UNE IMITATION LIBRE OU IRRÉGULIÈRE

L'imitation libre peut être simplement rythmique, comme dans l'exemple précédent, elle peut reproduire la phrase modèle avec des valeurs plus grandes — elle s'appelle alors imitation par augmentation — ou avec des valeurs plus petites (imitation par diminution), enfin elle peut se faire par mouvement contraire, rétrograde ou même rétrograde et contraire à la fois.

En outre elle peut se faire à n'importe quel intervalle, supérieur ou inférieur, de la phrase imitée. On donne à celle-ci le nom d'*antécédent;* la phrase imitatrice s'appelle *conséquent.*

IMITATION PAR AUGMENTATION

IMITATION PAR DIMINUTION

IMITATION PAR MOUVEMENT CONTRAIRE

IMITATION RÉTROGRADE PAR MOUVEMENT SEMBLABLE

IMITATION RÉTROGRADE PAR MOUVEMENT CONTRAIRE

Les imitations rétrogrades n'offrent que peu d'intérêt à l'audition et ne sont le plus souvent discernables qu'à la lecture.

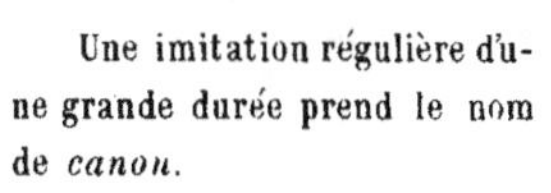
Une imitation régulière d'une grande durée prend le nom de *canon*.

R. SCHUMANN.— *Album pour la Jeunesse.*

Il suffit, pour se rendre compte de l'importance de l'imitation et des ressources qu'elle offre, de se souvenir que tout le premier morceau de la symphonie en *ut* mineur de Beethoven est fait d'imitations successives de cette seule phrase, ou plutôt de ce seul rythme :

qui, quand il n'est pas au premier plan comme au début du morceau, n'en joue pas moins un rôle important et caractéristique sous le chant qui lui succède.

Si le développement de l'idée musicale – comme celui d'une idée quelconque – consiste dans la mise en lumière de toutes les faces de cette idée ainsi que des idées connexes, c'est donc par l'imitation fragmentaire d'une phrase musicale (plus étendue que la précédente), que le but sera atteint.

C'est ainsi que, dans la même symphonie, Beethoven sectionne la phrase principale de l'adagio et en tire :

L'imitation se fait à un nombre quelconque de parties dialoguant entre elles. Elle peut être simple, c'est-à-dire ne comprendre qu'un seul antécédent comme dans l'exemple suivant:

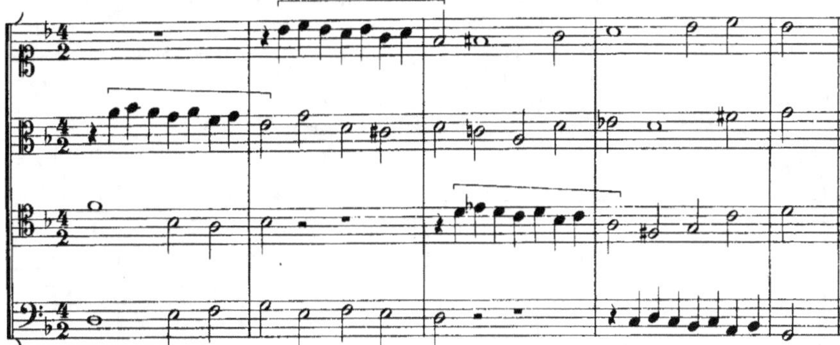

ou double, c'est-à-dire comprendre deux sujets d'imitation:

Elle pourrait être triple, quadruple, si l'on écrivait à un grand nombre de parties, mais il serait à craindre que tant de thèmes différents ne se distinguassent plus entre eux et qu'on n'aboutît qu'à leur confusion. Il est du reste toujours bon, sinon indispensable, de faire précéder une entrée de thème ou d'imitation d'un silence, afin de la rendre plus sensible.

Il ne reste plus maintenant à l'élève qu'à passer à l'application des principes d'imitation sur des chants ou des basses donnés et ensuite, pour exercer davantage son imagination, à développer des thèmes donnés ou qu'il pourra inventer lui-même. S'il est pianiste ou organiste, l'improvisation sur ces thèmes sera un très utile exercice.

Pour le premier travail, il prendra modèle sur les exemples suivants:

Chant donné, d'après un thème de Schumann, sous lequel se retrouve l'imitation *b* précédente:

Andante con moto.

Basse et chant donnés alternés à réaliser.

Ouvrage recommandé: BARTHE.–*Quatre-vingt dix leçons d'harmonie.* A. LEDUC, Éditeur

APPENDICE

APPLICATION DE L'HARMONIE MODERNE aux Modes anciens

Les Grecs considéraient la succession diatonique des sons de sept manières différentes. Selon qu'ils commençaient une gamme d'une octave par une note ou par une autre de l'échelle, ils obtenaient les sept *espèces d'octaves* suivantes:

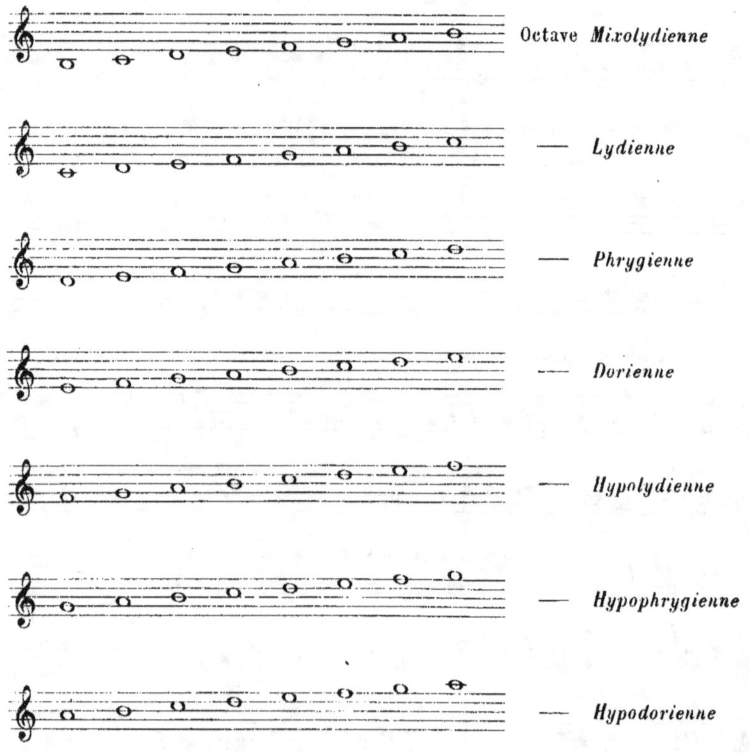

De ces espèces de gammes ou *modes*, notre musique moderne n'en a utilisé que deux: le mode majeur, correspondant au mode lydien, et le mode mineur, correspondant au mode hypodorien. Encore a-t-on rapproché le plus possible le mode mineur du mode majeur en lui donnant une note sensible artificielle (sol ♯).

Pourquoi le mode majeur est-il devenu prépondérant et a-t-il remplacé — avec le mode mineur — les modes anciens? C'est sans doute en vertu de son ordonnance, de la symétrie parfaite de ses deux tétracordes et surtout du demi-ton qui sépare la sensible de la tonique et qui rend celle-ci plus nécessaire. Et cette dernière raison doit être la principale, car les modes phrygien et dorien ont aussi des tétracordes semblables sans avoir de caractère aussi défini; au contraire le mode mineur acquiert ce caractère au moyen d'une note sensible artificielle, bien qu'étant composé de tétracordes asymétriques.

Les modes de *fa* (hypolydien), de *sol* (hypophrygien), de *si* (mixolydien) offrent surtout ce caractère d'asymétrie des tétracordes composants et, pour cette raison, ne sauraient avoir prévalu dans la pratique. *L'ordre poursuit le désordre.* C'est en vertu de cette loi, qui trouve son application aussi bien dans le domaine physique que dans le domaine moral, que la tonalité majeure s'est établie, victorieuse de toutes les autres et, avec elle, son cortège d'harmonies régies elles aussi, comme nous l'avons vu, par une loi d'ordre et de symétrie.

Mais il ne s'en suit pas nécessairement que les modes autres que le majeur et le mineur modernes doivent être abandonnés. Au contraire, ils apporteront, par leur structure et par leurs caractères différents, des éléments nouveaux aux compositeurs. Ceux-ci, du reste, les emploient souvent, peut-être inconsciemment. Les étranges harmonies que l'on rencontre dans la plupart des compositions modernes sont incompatibles avec la notion de *tonalité* à laquelle nous sommes habitués. Elles le détruisent et ne se justifient que par l'établissement d'un nouvel ordre de choses, d'une nouvelle *modalité*, le plus souvent fantaisiste et qui échappe, par cela même, à toute analyse comme à toute contrainte.

En principe toutes les harmonies des modes majeur et mineur peuvent s'appliquer aux autres modes diatoniques. Pour l'harmonie consonante, cela ne saurait faire de doute et, pour l'harmonie dissonante, l'analogie suffit à en autoriser l'emploi. Mais, de même que certaines relations tonales, telles que, par exemple ce que nous avons appelé consonances appellatives, nécessitent des résolutions inévitables, de même certaines successions d'accords se trouvent possibles et même nécessaires dans des modes dont la structure est autre. Examinons-les successivement.

MODE de RÉ (Phrygien)

HARMONIE CONSONANTE

Application de la Règle d'octave

1er DEGRÉ

Cette tonique reçoit l'accord parfait. Si elle se répète, on emploie l'accord de quarte et sixte pour éviter la monotonie:

5 5 6/4 5

2e DEGRÉ

Accord parfait ou accord de sixte. Il peut aussi porter l'accord de quarte et sixte lorsqu'il fait partie d'une marche diatonique.

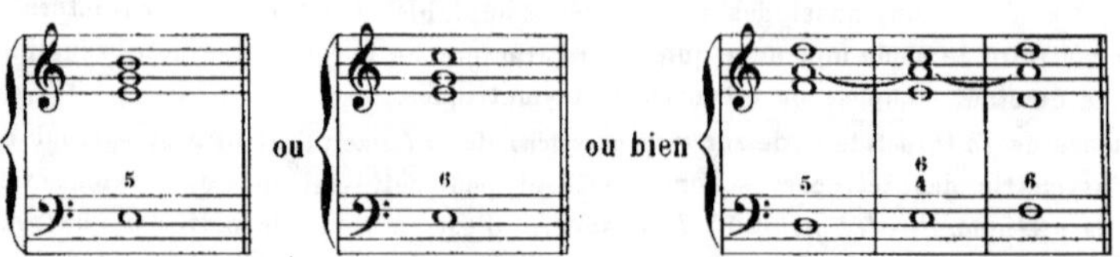

3e DEGRÉ

Indépendamment de l'accord de sixte, l'accord parfait peut très bien se placer sur cette médiante qui, allant à la tonique, produit une cadence harmonieuse.

4e DEGRÉ

Il comporte les accords parfait et de sixte.

5e DEGRÉ

En qualité de dominante, cette note demande l'accord parfait. Elle prend aussi l'accord de quarte et sixte quand elle se répète ou lorsqu'elle fait partie d'une marche diatonique.

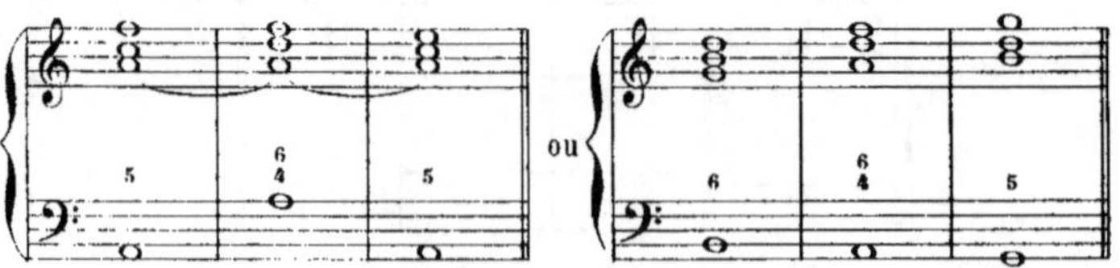

6e DEGRÉ

On y place *ad libitum* l'accord de quinte diminuée ou l'accord de sixte:

7e DEGRÉ

Il peut recevoir l'accord parfait ou l'accord de sixte. Ce dernier est préférable. Ce septième degré n'ayant pas le caractère d'une sensible peut être doublé sans inconvénient.

EXEMPLE D'UNE SUCCESSION D'ACCORDS CONSONANTS DANS LE MODE DE *RÉ*

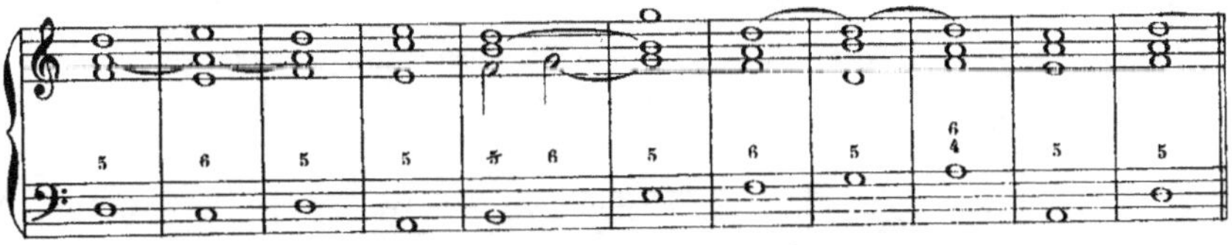

Les prolongations employées dans les modes majeur et mineur s'emploient ici dans les mêmes conditions. On peut aussi se servir de l'attraction des notes séparées par un demi-ton pour retarder celle de ces notes qui est supérieure par la prolongation de l'inférieure.

EXEMPLE

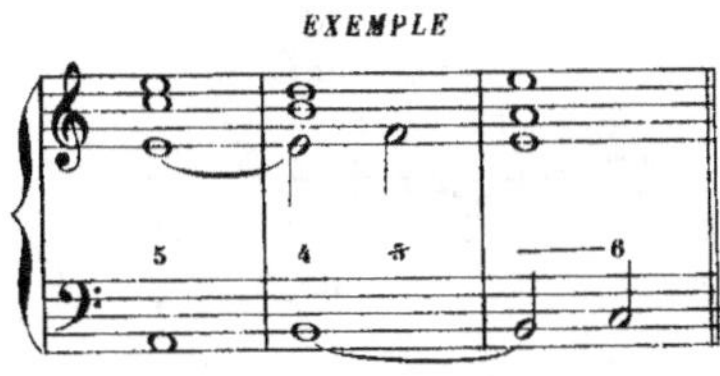

Les altérations suivent également les mêmes règles qu'en majeur et mineur.

EXEMPLE D'ACCORDS CONSONANTS AVEC PROLONGATIONS

EXEMPLE D'ACCORDS CONSONANTS AVEC ALTÉRATIONS

HARMONIE DISSONANTE

Par analogie avec les modes majeur et mineur, nous placerons l'accord de septième de dominante avec *tierce mineure* sur la dominante *la* dans les deux cas suivants:

RENVERSEMENTS

Sur cette même dominante, nous placerons l'accord de neuvième majeure, ou mineure par altération:

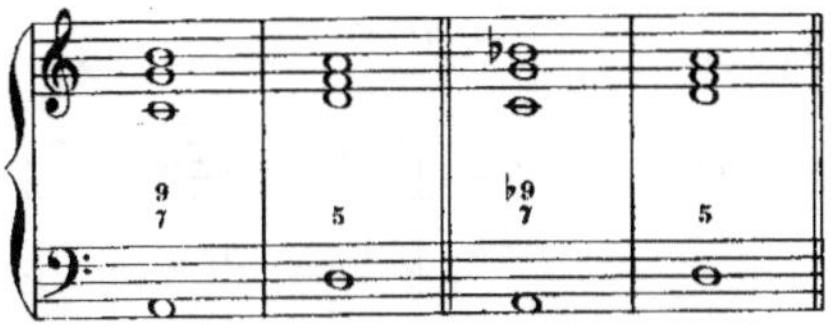

L'accord de septième de sensible (sensible n'est ici qu'un mot conventionnel) s'emploie sur le 7e degré sans préparation. Il en est de même de ses deux premiers renversements, à la condition que la septième *si* soit placée à la partie supérieure. Quand au troisième, il est dur dans tous les cas

EXEMPLE

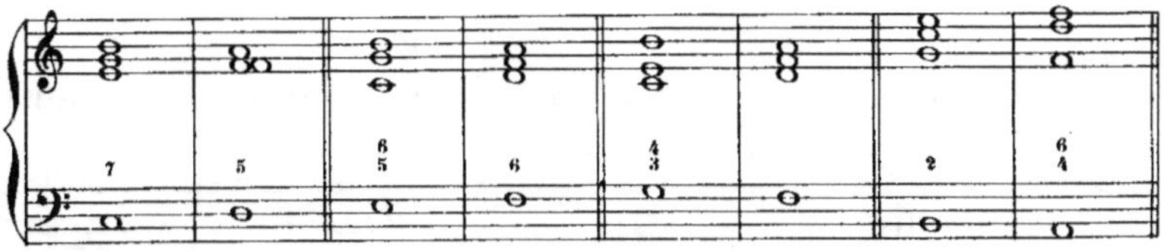

Les accords de septième mineure sur le 2e et le 4e degrés peuvent s'employer également sans préparation.

EXEMPLE

Renversements

Renversements

A ces accords de septième nous pouvons en ajouter un nouveau que nous placerons sur le troisième degré lorsque celui-ci ira au quatrieme, ou à la tonique.

Dans ce dernier cas, la septième pourra se résoudre en montant à la médiante, suivant ainsi son attraction pour cette note dont elle n'est séparée que par un demi-ton.

EXEMPLE

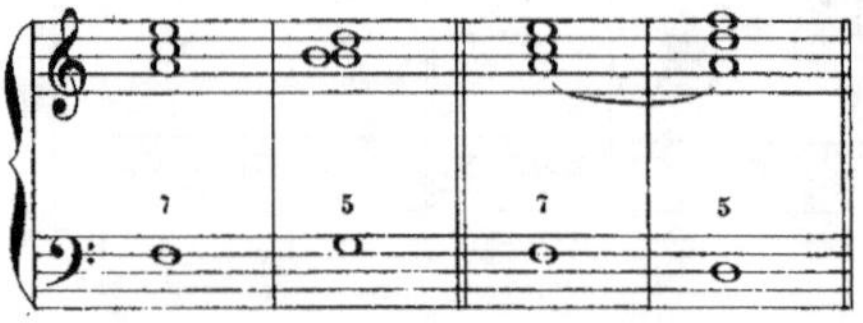

7 5 7 5

Toutes les prolongations et altérations usitées dans les modes majeur et mineur trouvent ici leur application. On trouvera dans les exemples suivants l'altération ascendante du septième degré propre aux modes de *ré*, de *sol* et de *si*, et qui leur donne le caractère d'une sensible.

HARMONIES CONSONANTES ET DISSONANTES DU MODE DE *RÉ* AVEC PROLONGATIONS ET ALTÉRATIONS

MODE de MI (Dorien)

L'application de la règle d'octave à ce mode, nous donne les harmonies consonantes suivantes:

ACCORDS CONSONANTS AVEC PROLONGATIONS ET ALTÉRATIONS

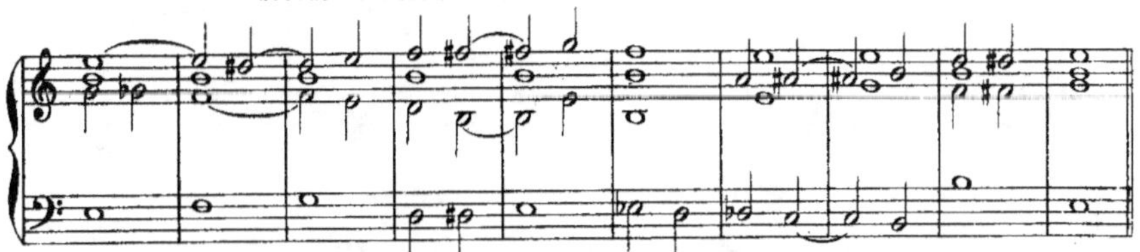

HARMONIE DISSONANTE

L'accord de septième de dominante, dont ici la quinte est diminuée, s'emploie toutes les fois que cette dominante va à la tonique ou au sixième degré. Dans ce dernier cas, le *ré* monte à la tonique, le *fa* suit sa tendance naturelle et descend sur la tonique, la septième descend d'un degré, mais dans la cadence parfaite, il est nécessaire de faire descendre le *ré* au *si* pour que l'accord de la tonique soit complet.

RENVERSEMENTS

L'accord de neuvième de dominante, celui de septième de sensible et ses renversements s'emploient ici comme dans le mode précédent; l'accord de septième majeure sur le second degré, l'accord de septième mineure sur le quatrième et celui de septième majeure sur le sixième degré, de même que leurs renversements y sont d'un bon usage. Enfin un accord de septième mineure sur le troisième degré, lorsque celui-ci va au quatrième, est très harmonieux.

SUITE D'ACCORDS DISSONANTS DANS LE MODE DE *MI*

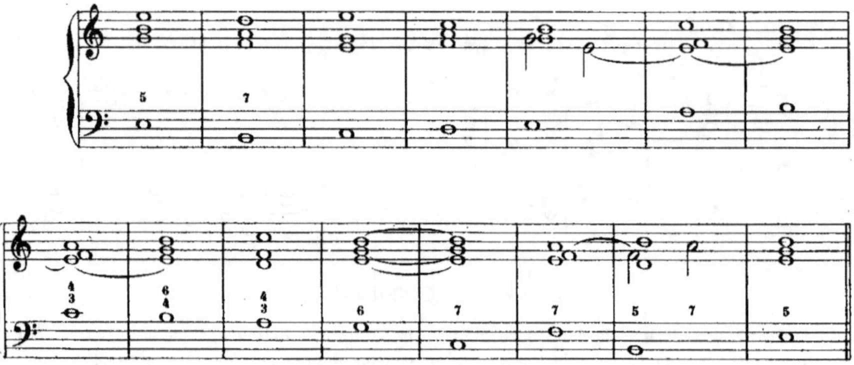

EXEMPLE D'HARMONIES CONSONANTES ET DISSONANTES AVEC PROLONGATIONS ET ALTÉRATIONS

MODE de FA (Hypolydien)

La symétrie des deux tétracordes de ce mode nécessite quelques exceptions à la règle d'octave que nous avons avons appliquée aux deux modes précédents.

ACCORDS CONSONANTS

1er DEGRÉ

Il porte, comme tonique, l'accord parfait. S'il se répète, pour éviter la monotonie, nous ne mettrons ici l'accord de quarte et sixte qu'avec la quarte altérée par un bémol. Sinon nous lui préfèrerons l'accord de sixte.

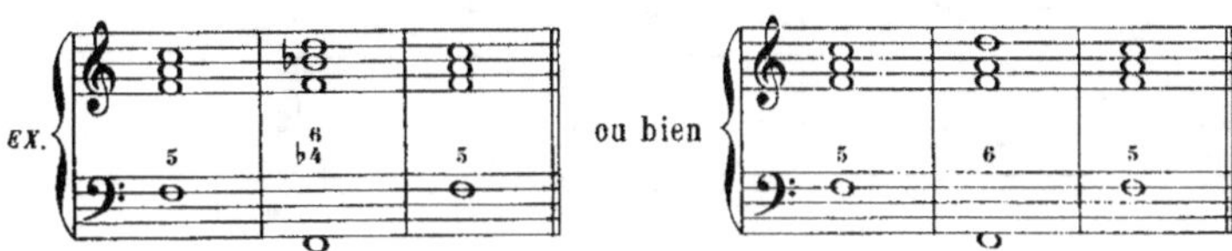

2e DEGRÉ

L'accord de quarte et sixte est le meilleur qu'on puisse employer sur le second degré lorsqu'il va à la tonique ou à la médiante.

Dans le même cas, l'accord parfait est bon surtout lorsque la basse ou la tierce de cet accord sont altérées.

3e DEGRÉ

Cette médiante reçoit l'accord de sixte. L'accord parfait peut aussi s'y placer lorsqu'elle va à la tonique, faisant ainsi une sorte de cadence propre à ce mode comme aux deux précédents.

4e DEGRÉ

Selon les cas, on place sur ce degré l'accord de quinte diminuée ou l'accord de sixte.

Les autres degrés du mode suivent la règle ordinaire; il est à remarquer que le septième degré est ici une véritable sensible, séparée de la tonique par un demi-ton.

Les prolongations et les altérations peuvent, dans bien des cas, adoucir les successions défectueuses que nous avons signalées.

HARMONIES CONSONANTES AVEC PROLONGATIONS ET ALTÉRATIONS DANS LE MODE DE *FA*

ACCORDS DISSONANTS

L'accord de septième de dominante s'emploie dans la cadence parfaite et dans la cadence rompue.

L'accord de neuvième de dominante est d'un bon emploi ainsi que celui de septième diminuée et ses renversements surtout lorsque la tierce ou la quinte en sont altérées.

EX.

Les autres accords de septième ne donnent lieu à aucune difficulté dans leur emploi.

HARMONIES CONSONANTES ET DISSONANTES DANS LE MODE DE *FA*

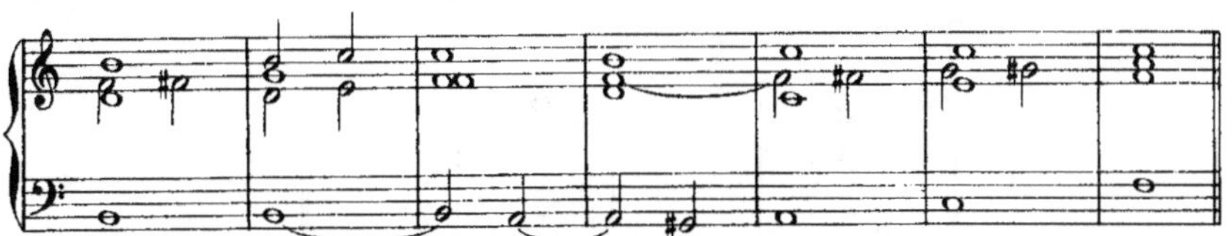

MODE de SOL (Hypophrygien)

La règle d'octave s'applique à ce mode sans autre exception que le troisième degré doit recevoir de préférence l'accord de sixte, celui de quinte diminuée excluant tout sentiment de repos.

EXEMPLE D'ACCORDS CONSONANTS DANS LE MODE DE *SOL*

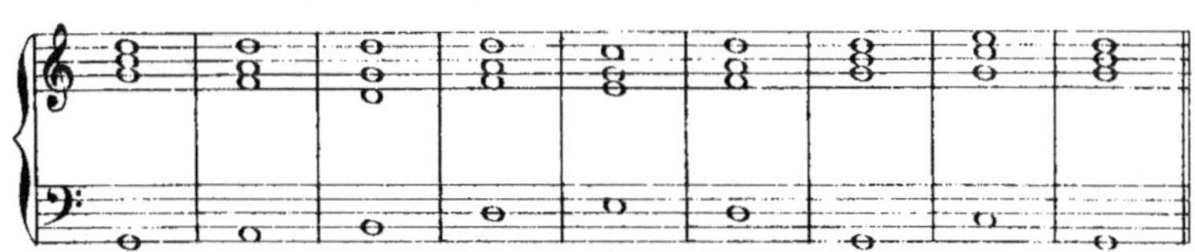

LES MÊMES AVEC PROLONGATIONS ET ALTÉRATIONS

L'accord de septième de dominante est d'un bon emploi dans la cadence parfaite; dans la cadence rompue, il donne une fausse relation de triton qui disparaît avec l'altération ascendante de la tierce. L'accord de neuvième de dominante, ceux de septième sur les second, quatrième et sixième degrés, ainsi que leurs renversements sont fort bons.

L'accord de septième du septième degré et ses renversements donnent par leur résolution la fausse relation de triton.

HARMONIES CONSONANTES ET DISSONANTES AVEC PROLONGATIONS ET ALTÉRATIONS

MODE de SI (Mixolydien)

Le manque absolu de caractère de repos de l'accord de quinte diminuée que comporte la tonique, l'absence pour ainsi dire de dominante, donne à ce mode un caractère indécis et vague. On peut cependant lui appliquer la règle d'octave, par analogie avec les modes précédents.

HARMONIES CONSONANTES AVEC PROLONGATIONS ET ALTÉRATIONS

ACCORDS DISSONANTS

L'accord de septième de dominante peut s'employer dans les deux cas de cadence parfaite et de cadence rompue.

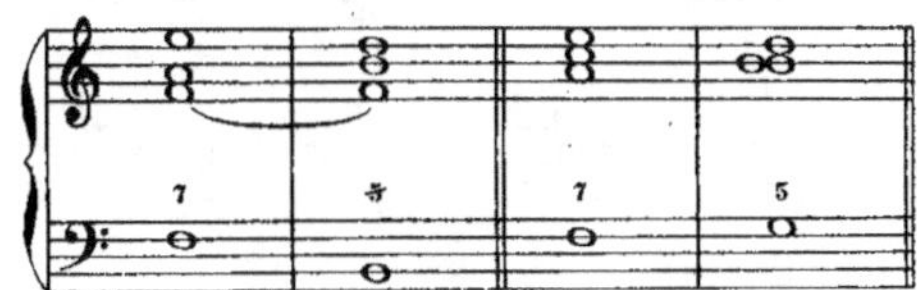

RENVERSEMENTS

L'accord de neuvième de dominante, celui de septième du septième degré et, en général, tous les accords dissonants, surtout lorsqu'on a le soin de les préparer, sont ici d'un très bon usage.

TRANSPOSITION – MODULATION

Les modes dont nous nous sommes occupé peuvent être transposés à telle ou telle hauteur de l'échelle musicale, au moyen des accidents, dièses et bémols. Ainsi, si l'on veut hausser d'un ton le mode de *ré*, il faudra le mettre en *mi*, avec deux dièses à la clé; si, au contraire, on veut l'abaisser d'un ton, on le mettra en *ut* avec deux bémols à la clé.

EXEMPLE D'UN MORCEAU DANS LE MODE DE *FA*
dans lequel le Ton change et va à la Dominante, mais où le Mode n'est pas altéré

Ne confondons pas la *transposition* avec la *modulation*. Dans la musique moderne, il n'y a véritablement modulation que dans le passage du mode majeur au mode mineur et réciproment; mais on applique ce mot de modulation à tous les changements de tons. Ainsi quand on dit qu'un morceau *module* à la dominante, cela veut dire simplement qu'il entre dans le ton de sa dominante, qu'il est transposé à la quinte supérieure; mais le *mode* ne change pas, la constitution de la gamme de ces deux tons successifs reste absolument la même.

Dans cette étude, nous devons réserver cette expression de *modulation* pour désigner le passage d'un mode dans un autre.

EXEMPLE D'UN MORCEAU DANS LE MODE DE *RÉ*
modulant dans le Mode de *Mi* transposé à la Quarte supérieure

Ainsi donc, voilà deux moyens de varier la musique plurimodale: la *transposition*, commune à la musique moderne, et la *modulation* que possède également la musique moderne, mais limitée au passage du mode majeur au mode mineur et vice versa.

CONCLUSION

Nous avons étudié dans la première partie de cet ouvrage les harmonies propres aux modes majeur et mineur; nous avons ensuite passé en revue les autres modes diatoniques.

Outre ces sept modes, on peut en créer d'autres, en plaçant les demi-tons dans un ordre arbitraire, en les supprimant ou en en augmentant le nombre et accroître ainsi considérablement les moyens d'expression de l'art musical. Beaucoup de compositeurs modernes ont demandé aux modes orientaux des effets particuliers, d'autres se sont servi des mélodies populaires; dans les arts, aux époques d'épuisement, on sent le besoin de se replier vers les choses primitives qui portent en elles les vertus régénératrices auxquelles ni le talent ni le labeur ne peuvent suppléer. Le moment semble donc venu, par toutes ces tentatives répétées, d'exploiter harmoniquement tous les modes mélodiques des anciens ainsi que tout le chromatisme oriental.

On n'aura aucune difficulté à harmoniser celui-ci, non plus que des modes créés d'une façon arbitraire, car tout est possible dans un nouvel ordre de choses ou la tradition et l'expérience n'ont pas établi de règles. Néanmoins on procédera forcément par analogie et le but final de toutes les successions harmoniques sera toujours le repos sur une tonique, centre attractif de leurs évolutions.

FIN

Paris, Imp. Delpiésente.

TABLE

QUATRIÈME SECTION

NOTES ÉTRANGÈRES A L'HARMONIE
HARMONISATION DE LA MÉLODIE

APPENDICE

www.ingramcontent.com/pod-product-compliance
Lightning Source LLC
LaVergne TN
LVHW052026060726
842528LV00002B/652